Liederbuch
für die Schule

Herausgeber und Autor: Manfred Grote
Illustrationen: Ellena Olsen

Liederbuch

für den Musikunterricht
an allgemein bildenden Schulen
ab Klasse 5

VOLK UND WISSEN

Alphabetisches Liedverzeichnis

Kapitelübersicht

Anhang

① Liederbuch CD 1, ISBN 978-3-06-152273-5
② Liederbuch CD 2, ISBN 978-3-06-152274-2
③ Liederbuch CD 3, ISBN 978-3-06-152285-8
④ Liederbuch CD 4, ISBN 978-3-06-152286-5
①–④ Liederbuch CDs 1–4, ISBN 978-3-06-152298-8

Singespäße

Als wir noch in der Wiege lagen

Kanon für 3 Stimmen

Als wir noch in der Wie-ge la-gen, dacht nie-mand an den Lie-ge-wa-gen. Jetzt kann man nachts im Wa-gen lie-gen und sich in al-len La-gen wie-gen; in al-len La-gen, in al-len La-gen wie - - - - gen.

Worte und Musik: Richard Rudolf Klein

Scat-Kanon (Dab daba da)

Kanon für 3 Stimmen

Dab da-ba da-ba da - ba da-ba da-ba da-ba da-ba da-ba da da da da dab da-ba da-ba da - - ba da-ba da-ba da-ba da-ba da-ba da da da da da da dab da-ba da - - ba da - ba da.

Musik: Manfred Schmitz

Anytime you need a calypso

Kanon für 3 Stimmen

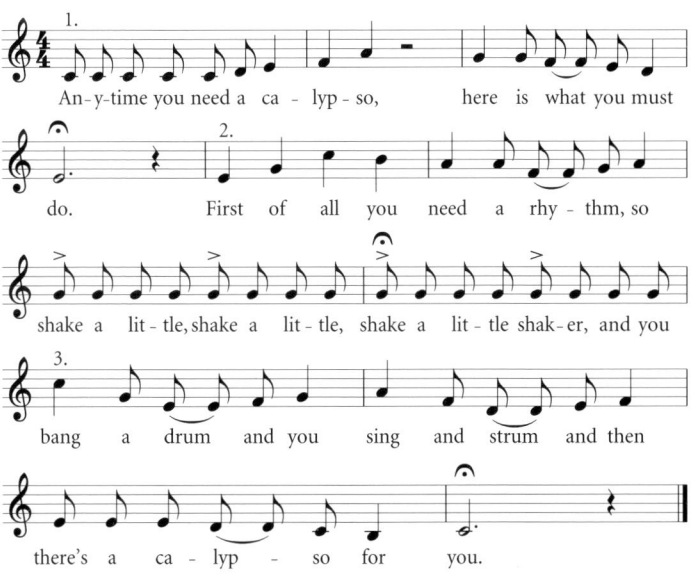

An-y-time you need a ca-lyp-so, here is what you must do.
First of all you need a rhy-thm, so shake a lit-tle, shake a lit-tle, shake a lit-tle shak-er, and you bang a drum and you sing and strum and then there's a ca-lyp-so for you.

Worte und Musik: Jan Holdstock

Rhythm and syncopation

Kanon für 3 Stimmen

Rhy-thm and syn - co - pa - tion, _ that ist the true foun - da - tion __ of the
Das ist ein star - ker Rhyth - mus, _ bei dem ein je - der mit muss __ bei der

rum-ba and the sam-ba and the cha-cha - cha._
Rum-ba und der Sam-ba und dem Cha-Cha - Cha._

Kanonfassung: Werner Rizzi

Das Orchester

Quodlibet

sin - get, sie ju - belt und klingt.

Kla - ri - nett' macht du - a du - a so nett.

fünf, bum bum bum bum bum.

schmet - tert: tä tä tä tä tä tä tä tä tä tä tä.

Horn, das ruht sich aus.

Worte und Musik: Willi Geisler

Kleines Kanonquodlibet

Kanons für 2 bis 4 Stimmen

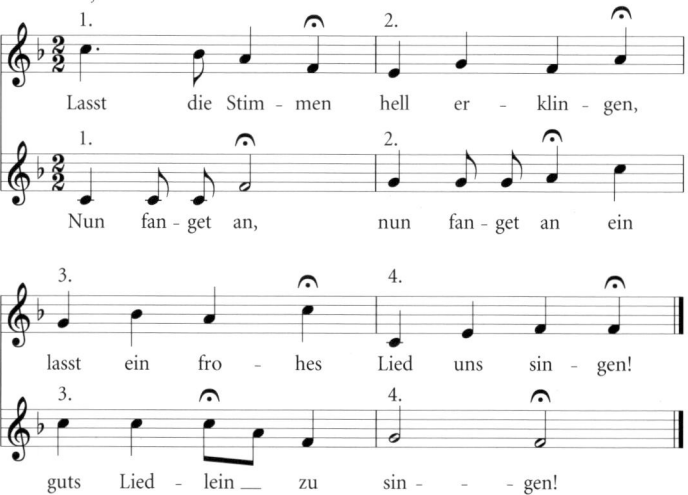

1. Lasst die Stim - men hell er - klin - gen, 2.

Nun fan - get an, nun fan - get an ein

3. lasst ein fro - hes Lied uns sin - gen! 4.

guts Lied - lein zu sin - gen!

»Lasst die Stimmen«: mündlich überliefert
»Nun fanget an«: Worte: Hans Leo Haßler, Melodie: Horst Irrgang

Kennt ji all dat nije Leid

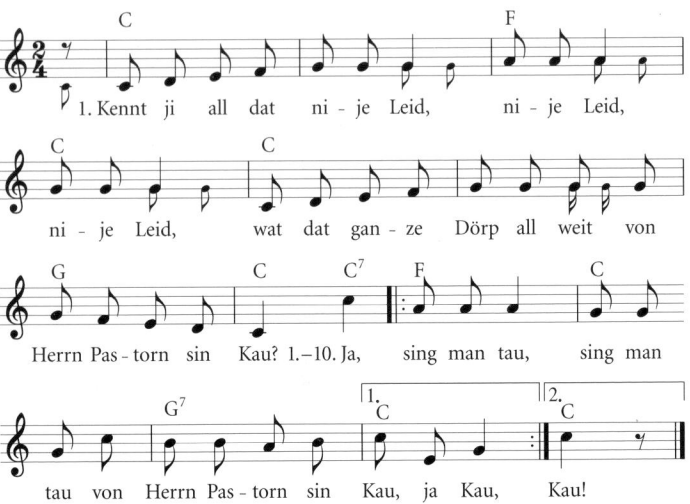

1. Kennt ji all dat ni - je Leid, ni - je Leid, ni - je Leid, wat dat gan - ze Dörp all weit von Herrn Pas - torn sin Kau? 1.–10. Ja, sing man tau, sing man tau von Herrn Pas - torn sin Kau, ja Kau, Kau!

2. Ostern wör sei |: dick und drall, :| Pingsten leig se dot in'n Stall,
   uns Herrn Pastorn sin Kau.

3. As se wör in |: Stücken sneden, :| het dat ganze Dörp wat kregen
   von Herrn Pastorn sin Kau.

4. Jochen Steif, de |: Trainsuldat, :| kreig en Pott full Mulsalat
   von Herrn Pastorn sin Kau.

5. Un de nije |: Füerwehr :| kreig en Pott full Wagensmeer
   von Herrn Pastorn sin Kau.

6. Un de ole |: Stadtkapell :| kreig en nijes Trummelfell
   von Herrn Pastorn sin Kau.

7. Un de Dienstmagd |: Frieda Keuke :| kreig de Mul- und Klauenseuke
   von Herrn Pastorn sin Kau.

8. Sleswig-Holsteen |: meerümslungen :| hannelt nu mit Ossentungen
   von Herrn Pastorn sin Kau.

9. De Mekelbörger |: lei't nicht slapen, :| sei settn den Kopp in't
   Lanneswapen von Herrn Pastorn sin Kau.

10. Doch dat Leid is |: man ihrst half, :| denn in'n Stall steiht noch en Kalf
    von Herrn Pastorn sin Kau.

Aus Mecklenburg/Schleswig-Holstein

14

Ich ging einmal spazieren ①

1. Ich ging ein-mal spa-zie-ren, na-nu, na-nu, na-nu! Ich ging ein-mal spa-zie-ren, was sagst du denn da-zu? Ich ging ein-mal spa-zie-ren, bums, val-le-ra, und tät ein Mä-del füh-ren, ha-ha-ha-ha-ha, ha-ha, und tät ein Mä-del füh-ren, ha-ha-ha-ha-ha.

2. Sie sagt, sie hätt viel Gulden, nanu, nanu, nanu! Sie sagt, sie hätt viel Gulden, was sagst du denn dazu? Sie sagt, sie hätt viel Gulden, bums, vallera, |: 's warn aber lauter Schulden, hahahahaha. :|

3. Sie sagt, sie tät viel erben, … |: 's warn aber lauter Scherben, … :|

4. Sie sagt, sie wär von Adel, … |: ihr Vater führt die Nadel, … :|

5. Sie sagt, ich sollt sie küssen, … |: es braucht niemand zu wissen, … :|

6. Sie sagt, ich sollt sie nehme, … |: sie macht mir's recht bequeme, … :|

7. Der Sommer ist gekommen, … |: ich hab sie nicht genommen, … :|

Aus dem 19. Jh. · Satz: Lothar Höchel

Bolle reiste jüngst zu Pfingsten ③

1. Bol-le reis-te jüngst zu Pfings-ten, nach Pan-kow war sein Ziel. Da ver-lor er sei-nen Jüngs-ten janz plötz-lich im Je-wühl, 'ne vol-le hal-be Stun-de hat er nach ihm je-spürt.

1.–5. A-ber den-noch hat sich Bol-le janz köst-lich a-mü-siert.

2. In Pankow gab's kein Essen, in Pankow gab's kein Bier,
   war alles aufjefressen von fremden Gästen hier.
   Nich mal 'ne Butterstulle hat man ihm reserviert!

3. Auf der Schönholzer Heide, da gab's 'ne Keilerei
   und Bolle, gar nicht feige, war feste mang dabei,
   hat 's Messer rausgezogen und fünfe massakriert!

4. Schon fing es an zu tagen, als er sein Heim erblickt.
   Das Hemd war ohne Kragen, das Nasenbein zerknickt,
   das rechte Auge fehlte, das linke marmoriert!

5. Als er nach Haus gekommen, da jing's ihm aber schlecht,
   da hat ihn seine Olle janz mörderisch verdrescht!
   'ne volle halbe Stunde hat sie auf ihm poliert!

Aus Berlin

16

Sabinchen war ein Frauenzimmer ①

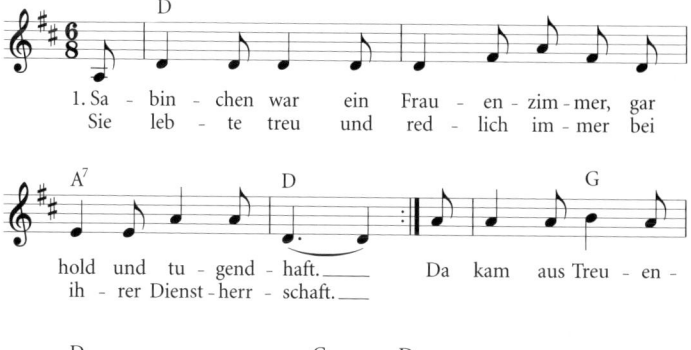

1. Sa - bin - chen war ein Frau - en - zim - mer, gar
   Sie leb - te treu und red - lich im - mer bei

hold und tu - gend - haft. _____ Da kam aus Treu - en -
ih - rer Dienst - herr - schaft. _____

briet - zen ein jun - ger Mann da - her, der woll - te gern Sa -

bin - chen be - sit - zen und war ein Schuh - ma - cher.

2. Sein Geld hat er schon ganz versoffen in Schnaps und auch in Bier.
   Da kam er zu Sabinchen geloffen und wollte welches von ihr.
   Sie konnte ihm keins geben, da stahl er auf der Stell
   von ihrer guten Dienstherrschaft sechs silberne Blechlöffel.

3. Jedoch nach achtzehn Wochen, da kam der Diebstahl raus.
   Da jagte man mit Schimpf und Schande Sabinchen aus dem Haus.
   Sie rief: »Verfluchter Schuster, du rabenschwarzer Hund!«
   Da nahm er sein Rasiermesser und schnitt ihr ab den Schlund.

4. Das Blut zum Himmel spritzte, Sabinchen fiel gleich um.
   Der böse Schuster aus Treuenbrietzen, er stand um sie herum.
   In einem dunklen Keller bei Wasser und bei Brot,
   da hat er endlich eingestanden die grausige Moritot.

5. Und die Moral von der Geschicht: Trau keinem Schuster nicht!
   Der Krug, der geht so lange zum Wasser, bis dass der Henkel bricht.
   Der Henkel ist zerbrochen, er ist für immer ab
   und unser Schuster muss nun sitzen bis an sein kühles Grab.

Aus Berlin

Ho, unser Maat ③

1. Ho, un - ser Maat, ja, der hat schief ge - la - den,
(1.–4. Ho, un - ser Maat,)

ho, un - ser Maat, ja, der hat schief ge - la - den,

ho, un - ser Maat, ja, der hat schief ge - la - den
(mor - gens in der)

mor-gens in der Frü - he. 1.–4. Hoi - o, a - hoi, wir
(Frü - he. Hoi - o,)

se - geln, hoi - o, a - hoi, wir se - geln, hoi - o, a-
(a - hoi, a - hoi! Wir)

18

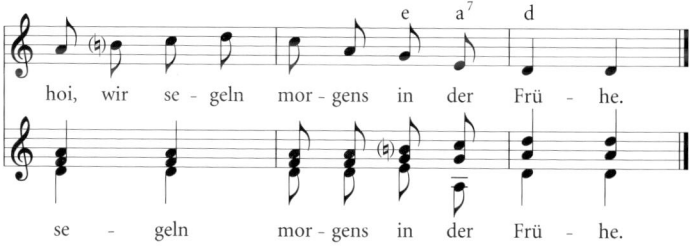

hoi, wir se - geln mor - gens in der Frü - he.

se - geln mor - gens in der Frü - he.

2. |: Wie bringen wir ihn wieder auf die Beine :| morgens in der Frühe?

3. |: Gebt ihm doch einen Eimer kaltes Wasser :| morgens in der Frühe?

4. |: Klatsch! Dieser Guss, der macht ihn wieder munter :| morgens in der Frühe.

Aus England · Nachdichtung mündlich überliefert · Satz: Siegfried Stolte

Hejo, Steuermann

1. He - jo, he - jo, Steu - er - mann, der Kahn, der fängt zu schau-keln an! He - jo, he - jo, Steu - er - mann, kannst du dei - nen Kurs nicht hal - ten! So was will auf Rei-sen gehn und am Ru - der stehn, na, ich dan - ke schön! He - jo, he - jo, Steu - er - mann, kannst du dei - nen Kurs nicht hal - ten!

2. Hejo, hejo, Steuermann, der Schiffsjung fängt zu lachen an!
   Hejo, hejo, Steuermann, kannst du deinen Kurs nicht halten!
   Und der Käpten flucht wie toll: Diese Wanze ist wie ein Fass so voll!
   Hejo, hejo, Steuermann, kannst du deinen Kurs nicht halten!

Aus den Niederlanden · Bearbeitung: M. G.

Ja, so warns, die oidn Rittersleut ①

1. Zu Grün-wald im I – sar – tal, glaubt es mir, es war ein – mal, da ham ed – le Rit – ter g'haust, de – ne hat's vor gar nix graust. 1.–5. Ja, so warns, ja, so warns, ja, so warns, die oi – dn Rit – ters – leut, ja, so warns, ja, so warns, die oi – dn Rit – ters – leut.

2. Hatt' ein Ritter den Katarrh, damals warn die Mittel rar,
   er hat der Erkältung trotzt, hat in seine Rüstung g'rotzt.

3. So ein alter Rittersmann hatte sehr viel Eisen an,
   die meisten Ritter, i muass sag'n, hat deshalb der Blitz erschlag'n.

4. Und der Ritter Kunibert setzte sich verkehrt aufs Pferd,
   wollte er nach hinten sehn, braucht' er sich nicht umzudrehn.

5. Zu Grünwald die Rittersleut leb'n nicht mehr seit langer Zeit,
   nur die Geister von densölben spuken nachts in den Gewölben.

Worte und Melodie: Karl Valentin

Ich wollt, ich wär ein Huhn ②

Ich wollt, ich wär ein Huhn,
ich hätt nicht viel zu tun, ich legte vor-mit-
tags ein Ei und nach-mit-tags hätt ich frei. Mich

lock-te auf der Welt kein Ruhm mehr und kein Geld, und fän-de ich das
gro-ße Los, dann frä-ße ich es

bloß. Ich bräuch-te nie _____ mehr ins Bü-ro, _____
_____ ich wä-re däm - - lich, a - ber froh, drum hab ich
mir ge-dacht: Ich wollt, ich wär ein Huhn, ich
hätt nicht viel zu tun, ich leg-te täg-lich
nur ein Ei und sonn - tags auch mal zwei! Juch - hei!

Worte: Hans-Fritz Beckmann · Melodie: Peter Kreuder

Mein kleiner grüner Kaktus ②

1. Blu - men im Gar - ten, so zwan-zig Ar - ten

von Ro - sen, Tul - pen und Nar - zis - sen,

leis - ten sich heu - te die fei - nen Leu - te.

Das will ich al - les gar nicht wis - sen.

1. u. 2. Mein klei - ner grü - ner Kak - tus steht
Was brauch ich ro - te Ro - sen, was

drau - ßen am Bal - kon, hol - la - ri, hol - la - ri, hol - la -
brauch ich ro - ten Mohn,

ro! hol - la - ro! Und

wenn ein Bö - se - wicht was Un - ge - zog'nes spricht, dann

na na na na

22

hol ich mei-nen Kak-tus und der sticht, sticht, sticht.

na _____ na _____ sticht, sticht, sticht. Mein

klei-ner grü-ner Kak-tus steht drau-ßen am Bal-kon, hol - la -

ri, hol - la - ri, hol - la - ro! _____

2. Man find't gewöhnlich die Frauen ähnlich
   den Blumen, die sie gerne tragen.
   Doch ich sag täglich: Das ist nicht möglich,
   was soll'n die Leut' sonst von mir sagen.
   Mein kleiner grüner Kaktus …

3. Heute um viere klopft's an die Türe,
   nanu, Besuch so früh am Tage?
   Es war Herr Krause vom Nachbarhause,
   er sagt: »Verzeih'n Sie, wenn ich frage.
   Sie hab'n doch einen Kaktus da draußen am Balkon,
   hollari, hollari, hollaro!
   Der fiel soeben runter, was halten Sie davon?
   Hollari, hollari, hollaro!
   Er fiel mir aufs Gesicht, ob S' glauben oder nicht,
   jetzt weiß ich, dass Ihr grüner Kaktus sticht, sticht, sticht.
   Bewahr'n Sie Ihren Kaktus gefälligst anderswo,
   hollari, hollari, hollaro!«

Worte: Hans Herda · Melodie: Bert Reisfeld/Albrecht Marcuse

Ein Hase saß im tiefen Tal ④

2. Der Apparat steigt in die Luft, singing …
   der Motor rattert, knattert, pufft. Singing …

3. Bei tausend Metern angelangt, der Kasten plötzlich schaurig schwankt.

4. Der Hase denkt, das geht famos, nimmt seinen Fallschirm und springt los.

5. Kurz vor der Landung, welche Not, sieht er ein Schild: »Hier Parkverbot!«

6. Der Hase denkt: »Das macht ja nischt, wenn mich kein Polizist erwischt.«

7. Doch leider war, o Häslein, ach, das Auge des Gesetzes wach.

8. Denn kaum gedacht, war's schon passiert, ein Schutzmann ihn
   zur Wache führt.

9. Den armen Hasen sperrt man ein bei trocken Brot und Gänsewein.

Worte: Walter Michaelis • Melodie überliefert

Der Papagei ein Vogel ist

1. Der Papagei ein Vogel ist, rot, grün und gelb getupft. Er sitzt auf seinem Gummibaum, und wenn er da so hupft, ja, dann singt er: 1.–6. Inge dinge dinge, use wuse wuse, daba daba daba – dei o – ho, daba daba daba – – dei.

2. Die Affen im Bananenhain, die lieben Obstsalat,
   sie werfen mit der Kokosnuss, denn die ist rund und hart,
   und dann singen sie: Inge dinge …

3. In Afrika, im großen Fluss, da wohnt ein Krokodil,
   das braucht zum Zähneputzen nur 'nen Schrubber mit 'nem Stiel
   und dann singt es: Inge dinge …

4. Ein alter Elefant im Zoo, der kannte dies Lied nicht,
   und weil er so alleine war, so summt er leise mit
   und das klingt dann: Hmm hmm …

5. Der Löwe sehr gefährlich ist, die Zähne sind sehr scharf.
   Doch wenn er dieses Liedchen hört, wird er ganz sanft und brav
   und dann singt er: Inge dinge …

6. Der Kuckuck in der Kuckucksuhr kommt jede Stunde raus,
   doch wenn er keine Lust mehr hat, bleibt er in seinem Haus
   und man hört nur: Inge dinge …

Worte und Melodie: Peter Ehlebracht

Un poquito cantas (Ein klein wenig sing doch) ②

1. Un po - qui - to can - tas, un po - qui - to
1. Ein klein we - nig sing doch, ein klein we - nig

bai - las, un po - qui - to le - lo - la ___
tanz doch, ein klein we - nig le - lo - la ___

como un ca - na - ri - o.
wie ein Ca - na - ri - o.   1.–4. Le - lo - la, ___

le - lo - la, ___   le - lo - le - lo   le - lo - la, ___

le - lo - la, ___   le - lo - la, ___   le - lo - le - lo - la.

2. Un poquito vino, un poquito aire,
   un poquito le-lo-la como un canario.

3. Un poquito vientos, un poquito sombras,
   un poquito le-lo-la como un canario.

4. Un poquito machos, un poquito chicas,
   un poquito le-lo-la como un canario.

2. Ein klein wenig vino und ein frisches Lüftchen
   und ein wenig le-lo-la wie ein Canario.

3. Eine kleine Brise, hin und wieder Schatten
   und ein wenig le-lo-la wie ein Canario.

4. Einmal flotter Bursche, einmal flinkes Mädchen
   und ein wenig le-lo-la wie ein Canario.

Aus Südamerika · deutscher Text: Heinz Benker

Samba Brasil

Kanon für 3 Stimmen

Sam - ba-cill, Sam - ba Bra - sil, Sam - ba-cill,

Sam - ba Bra - sil, Sam - ba-cill, Sam - ba Bra - sil,

Sam - ba-cill, Sam - ba Bra - sil. Ri - o de Ja - nei - ro

danc - ing all the night, Ri - o de Ja - nei - ro black as well as white.

Sam - ba do Bra - sil, Sam - ba do Bra - sil.

Sam - ba do Bra - sil sam - ba, __ Sam - ba do Bra - sil sam - ba, __

Sam - ba do Bra - sil sam - ba, __ Sam - ba do Bra - sil sam - ba. __

Worte und Musik: Thord Gummesson

Rock around the clock

One, two, three o'-clock, four o'-clock rock. Five, six,

sev-en o'-clock, eight o'-clock rock. Nine, ten, e-lev-en o'-clock,

twelve o'-clock rock. We're gon-na rock a-round the

clock to-night. 1. Put your glad rags on, join me hon', we'll

have some fun when the clock strikes one. 1.–5. We're gon-na

rock a-round the clock to-night, we're gon-na rock, rock,

rock 'till the broad day-light. We're gon-na rock, gon-na rock a -

round the clock to - night. 2.–5. When …

2. When the clock strikes two and three and four, if the band slows down
   we'll yell for more.

3. When the chimes ring five and six and seven, we'll rockin' up in seventh
   heaven.

4. When it's eight, nine, ten, eleven, too, I'll be going strong and so will you.

5. When the clock strikes twelve, we'll cool off then, start rockin' 'round
   the clock again.

Worte: Max C. Freedman · Melodie: Jimmy de Knight

Let's twist again

Come on, let's twist a-gain, like we did last sum-mer. Yeah! Let's twist a-gain, like we did last year. Don't you re-mem-ber when things were real-ly hum-min'. Yeah! Let's twist a-gain, twist-in' time is here. A-roun', a-roun' an' up an' down we go a-gain, oh, ba-by make me know you love me so an' then let's twist a-gain, like we did last sum-mer. Yeah! Let's twist a-gain, like we did last year.

Worte und Melodie: Kai Mann/Dave Appell

Fata Morgana ③

1.–3. La la la la la la la la, la la
la la la la la.

1. Tief in der Sa-
sah der Mu-mien-

ha - ra auf ei - nem Dro - me - da - ra ritt ein deut-scher
kei - ler ein Mäd-chen na - mens Lei - la. Ma - gi - sche Er -

1.

For - scher durch den Dat - tel - hain. Da
re - gung fährt ihm ins Ge -

2.

bein. Er rief:

»Sag mir, wer bist du, die mich trun-ken macht? Komm und hei-le mei-ne

Wun-den!« Sie sprach: »Ich bin Lei - la, die Kö-ni-gin der Nacht!«

Sim - sa - la-bim, war sie ver - schwun - den. La la la la.

1.–3. Wie ei - ne Fa - ta Mor - ga - na, so nah und

30

doch so weit! Wie ei – ne Fa – ta Mor – ga – na,

gesprochen:

Ab – ra – ka – dab – ra, und sie war nicht mehr da!

2. Er folgt den Gesängen, dort, wo die Datteln hängen,
dem Trugbild namens Leila und sah nicht die Gefahr.
Ein alter Beduine saß auf seiner Düne, biss in die Zechine und sprach:
»Insch-Allah! Oh, Efendi, man nennt mich Hadschi Halef-Ibrahim,
befreie dich von ihrem Zauber, sonst bist du des Todes!«,
rief der Muezzin; und weg war der alte Dattelklauber.

3. Es kroch der Efendi, mehr tot schon als lebendig,
unter heißer Sonne durch den Wüstensand. »Beim Barte des Propheten,
jetzt muss ich abtreten!«, sprach er und erhob noch einmal seine Hand.
Und er sah am Horizont die Fata Morgana, dann starb er
im Lande der Araber. Die Geier über ihm krächzten:
»Insch-Allah, endlich wieder ein Kadaver.«

Worte: Erste Allgemeine Verunsicherung · Melodie: Thomas Spitzner

Wüstenkanon

Kanon für 5 Stimmen

Sum gal-li gal-li gal-li sum gal-li gal-li, sum gal-li gal-li gal-li

Solo oder Blockflöte

He-ra dus-la man ab-ba

sum gal-li gal-li, sum gal-li gal-li gal-li sum gal-li gal-li.

da, he-ra dus-la man ab-ba da.

Don't worry, be happy ②

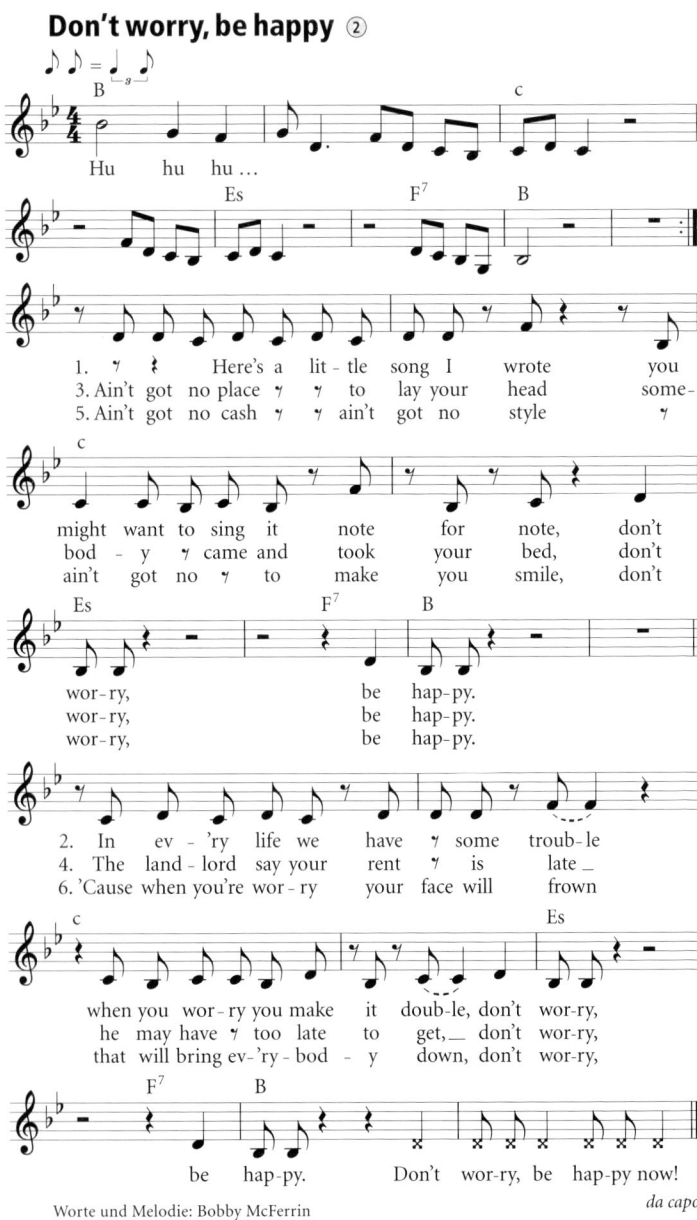

Hu   hu   hu …

1. Here's a lit-tle song I wrote you
3. Ain't got no place to lay your head some-
5. Ain't got no cash ain't got no style

might want to sing it note for note, don't
bod - y came and took your bed, don't
ain't got no to make you smile, don't

wor-ry, be hap-py.
wor-ry, be hap-py.
wor-ry, be hap-py.

2. In ev - 'ry life we have some troub-le
4. The land-lord say your rent is late
6. 'Cause when you're wor-ry your face will frown

when you wor-ry you make it doub-le, don't wor-ry,
he may have too late to get, don't wor-ry,
that will bring ev-'ry-bod - y down, don't wor-ry,

be hap-py. Don't wor-ry, be hap-py now!

da capo

Worte und Melodie: Bobby McFerrin

Play a simple melody ④

Kanonlied für 2 Stimmen

Won't you play a sim-ple mel - o - dy,

like my moth-er sang to me, ____ one with

good old-fash-ioned har - mo - ny, play a

sim-ple mel - o - dy. ____ Du du du

du du du …

Worte und Melodie: Irving Berlin

Kriminal-Tango ②

Kri-mi-nal - Tan - go _____ in der Ta - ver - ne. _____

_____ Dunk - le Ge - stal - ten _____ und ro - tes Licht.

1. Und sie tan-zen ei-nen Tan - go, _____ Jack-y Brown und Ba-by

Mil - ler. _____ Und er sagt ihr lei - se: »Ba - by,

_____ wenn ich aus-trink, machst du dicht.« Dann be-stellt er zwei Man-

hat - tan _____ und dann kommt ein Herr mit Knei - fer. _____

_____ Jack trinkt aus, und Ba - by zit - tert, doch dann

löscht sie schnell das Licht. _____ Kri - mi - nal - Tan - go _____

in der Ta - ver - ne. _____ Dunk-le Ge - stal - ten,

ro - te La - ter - ne. A-bend für A - bend

lo-dert die Lun - te, sprü-hen-de Span - nung

liegt in der Luft. geht nie vor - bei.

2. Und sie tanzen einen Tango,
   alle, die davon nichts ahnen.
   Und sie fragen die Kapelle:
   »Hab'n Sie nicht was Heißes da?«
   Denn sie können ja nicht wissen,
   was da zwischen Tag und Morgen
   in der nächtlichen Taverne
   bei dem Tango schon geschah.
   Kriminal-Tango in der Taverne.
   Dunkle Gestalten, rote Laterne.
   Glühende Blicke, steigende Spannung.
   Und in die Spannung, da fällt ein Schuss.

3. Und sie tanzen einen Tango,
   Jacky Brown und Baby Miller.
   Und die Kripo kann nichts finden,
   was daran verdächtig wär'.
   Nur der Herr da mit dem Kneifer,
   dem der Schuss im Dunkeln galt,
   könnt' vielleicht noch etwas sagen,
   doch der Herr, der sagt nichts mehr.
   Kriminal-Tango in der Taverne.
   Dunkle Gestalten, rote Laterne.
   Abend für Abend immer das Gleiche,
   denn dieser Tango geht nie vorbei.

Worte: Kurt Feltz · Melodie: Piero Trombetta

Ob-la-di, ob-la-da ④

1. Des-mond has a bar-row in the mar-ket place, __
2. Des-mond takes a trol-ley to the jew-eller's store, __
3. Hap-py ev-er af-ter in the mar-ket place __
4. Hap-py ev-er af-ter in the mar-ket place __

Mol – ly is the sing-er in a band.
buys __ a twen-ty car-at gold-en ring.
Des – mond lets the chil-dren lend a hand.
Mol – ly lets the chil-dren lend a hand.

Des – mond says to Mol – ly, "Girl, I like your face", __
Takes __ it back to Mol – ly, wait-ing at the door __
Mol – ly stays at home and does her pret-ty face __
Des – mond stays at home and does his pret-ty face __

__ and Mol – ly says this as she takes him by the
__ and as he gives it to her she be-gins to
__ and in the eve-ning she still sings it with the
__ and in the eve-ning she's a sing-er with the

hand. 1.–4. Ob – la – di, ___ ob – la – da, ___ life goes on, __
sing.
band.
band.

__ bra, ___ la – la, how the life goes on.

1. 2.

2. u. 3. In a cou-ple of years they have

36

built a home, sweet home.

With a cou-ple of kids run-ning in the yard

da capo;

Refrain Strophe 4

of Des-mond and Mol – ly Jones.

And if you want some fun, take Ob-la – di-bla – da!

Worte und Melodie: John Lennon/Paul McCartney

Di-bi-dap

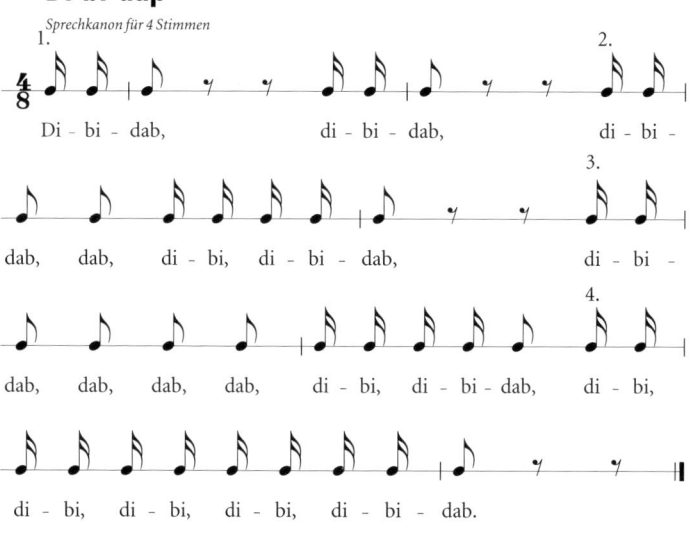

Sprechkanon für 4 Stimmen

Di – bi – dab, di – bi – dab, di – bi –

dab, dab, di – bi, di – bi – dab, di – bi –

dab, dab, dab, dab, di – bi, di – bi – dab, di – bi,

di – bi, di – bi, di – bi, di – bi – dab.

Ausführung auch zwei- oder dreistimmig möglich.
Abschluss: Die einzelnen Stimmen enden nacheinander.

Itsy bitsy teenie weenie ①

1.–3. Ba ba ba ba - ba - da ba ba ba ba. 1. Am Strand von

Flo - ri - da ging sie spa - zie - ren, und was sie trug, hät - te kei - nen ge -

stört, nur ei - ne ein - sa - me, piek - fei - ne La - dy fiel bald in

Ohn - macht und war sehr em - pört. 1.–3. Acht, neun, zehn,

na, was gab's denn da zu sehn? Es war ihr

it - sy bit - sy tee - nie wee - nie Ho - no - lu - lu-strand-bi - ki - ni,

er war schick und er war so mo - dern. Ihr

it - sy bit - sy tee - nie wee - nie Ho - no - lu - lu-strand-bi - ki - ni,

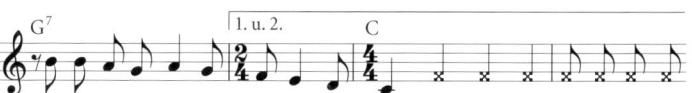

ja, der ge-fiel ganz be - son-ders den Herrn! Eins, zwei, drei, na, was ist denn

schon da-bei? son-ders den Herrn! Und so zog sie den Bi-

ki - ni, den sie nir-gends tra-gen kann,

ganz al-lei-ne zu Hau-se in der Ba-de-wan-ne an. Oh!

2. Die Caballeros am Copacabana,
   die rannten ihr immerzu hinterher.
   Da lief sie weg und vor Schreck gleich ins Wasser,
   dabei ertrank sie beinah noch im Meer.

3. Ja, in Venedig war grade Biennale,
   ein Fotograf, der hielt sie für 'nen Star;
   doch in der Zeitung stand später zu lesen,
   dass der Bikini nur schuld daran war.

Worte: Günter Loose · Melodie: Paul Vance/Lee Pockriss

Da da da ④

1. Was ist los mit dir, mein Schatz? A - ha!
Geht es im - mer nur berg - ab? A - ha!
Geht nur das, was du ver - stehst? A - ha!

This is what you got to know.
Loved you though it did - n't show.

3-mal

1. u. 2. Ich lieb dich nicht. Du liebst mich nicht. A - ha!

Ich lieb dich nicht. Du liebst mich nicht. Da da

4-mal

da. Da da

da. Ich lieb dich nicht. Du liebst mich nicht. Da da

3-mal

da. (Du du du du du) Da da da.

2. So so, du denkst, es ist zu spät? Aha!
Und du meinst, dass nichts mehr geht? Aha!
Und die Sonne wandert schnell? Aha!
After all is said and done.
It was right for you to run.

Worte und Melodie: Gert Kralle/Stephan Remmler

Die Menschen sind schlecht

Kanon für 3 Stimmen

Die Men-schen sind schlecht: Sie den-ken an sich, nur ich denk an mich.

überliefert

Kookaburra

Kanon für 4 Stimmen

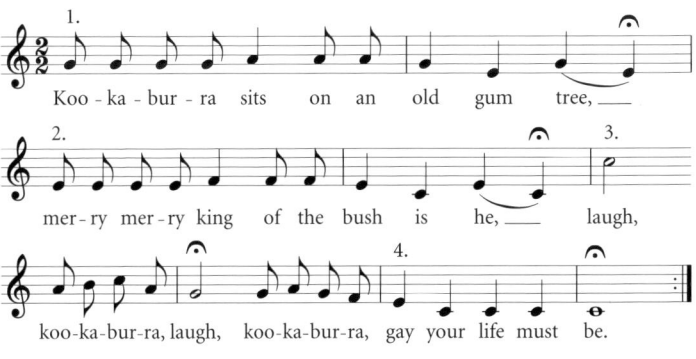

Koo - ka - bur - ra sits on an old gum tree, ____

mer - ry mer - ry king of the bush is he, ____ laugh,

koo-ka-bur-ra, laugh, koo-ka-bur-ra, gay your life must be.

Aus Australien

Wer des Morgens dreimal schmunzelt

Kanon für 2 Stimmen

Wer des Mor - gens drei - mal schmun - zelt, mit - tags

nicht _ die Stir - ne run - zelt, a - bends

singt, dass laut es _ schallt, der wird hun-dert Jah - re alt.

Musik: Reinhard Tschache

41

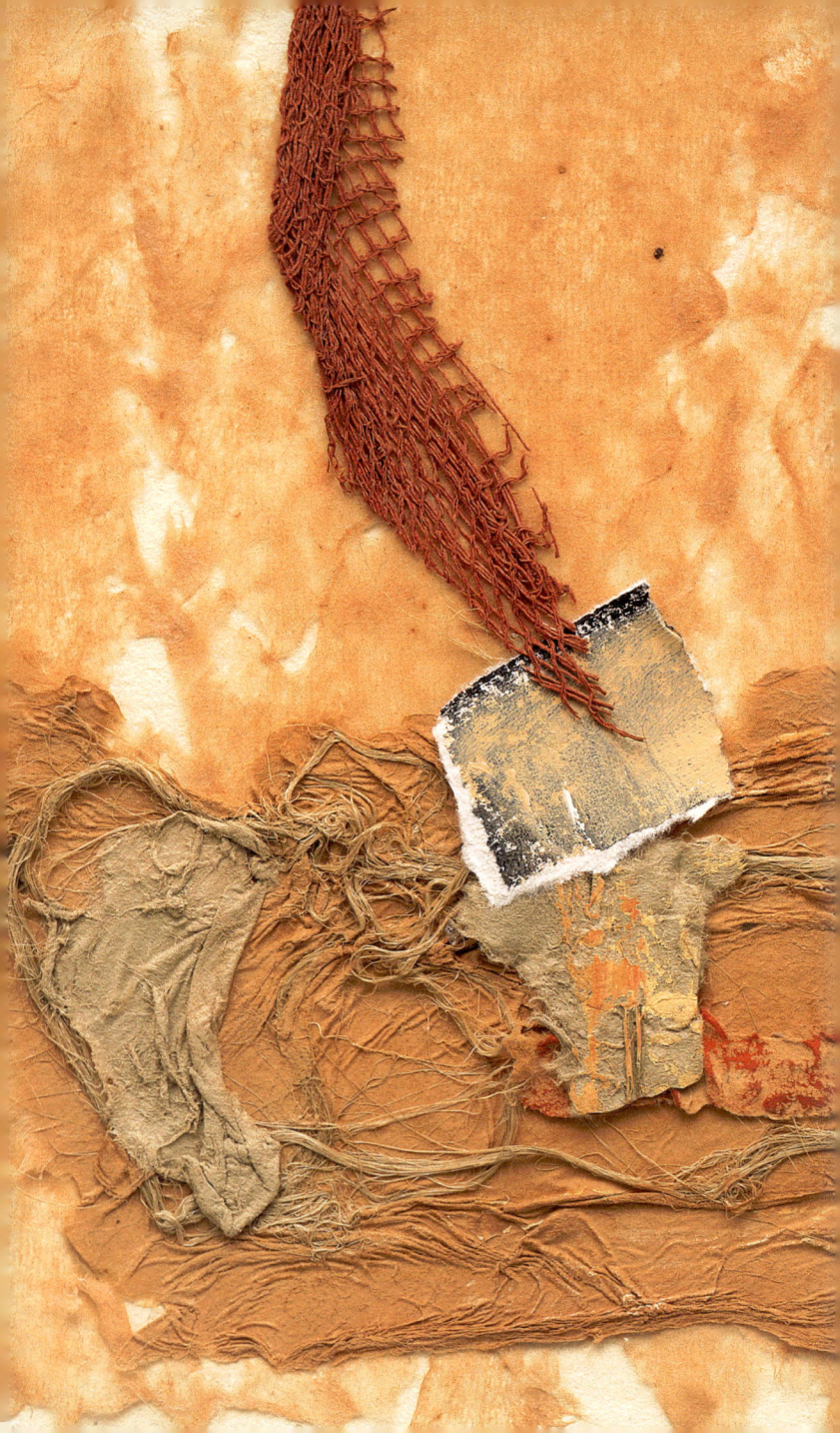

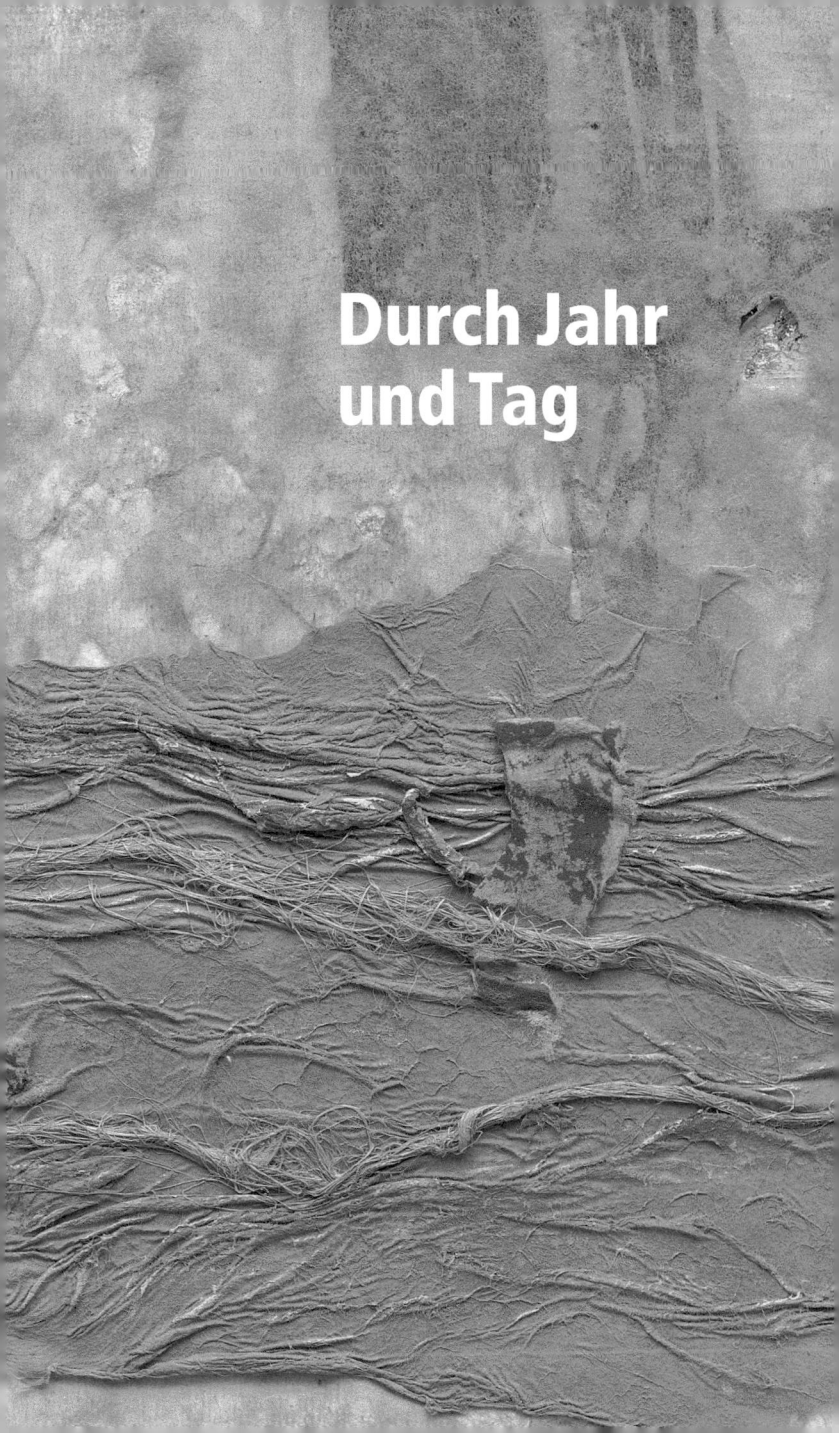

Durch Jahr und Tag

Morning has broken ③

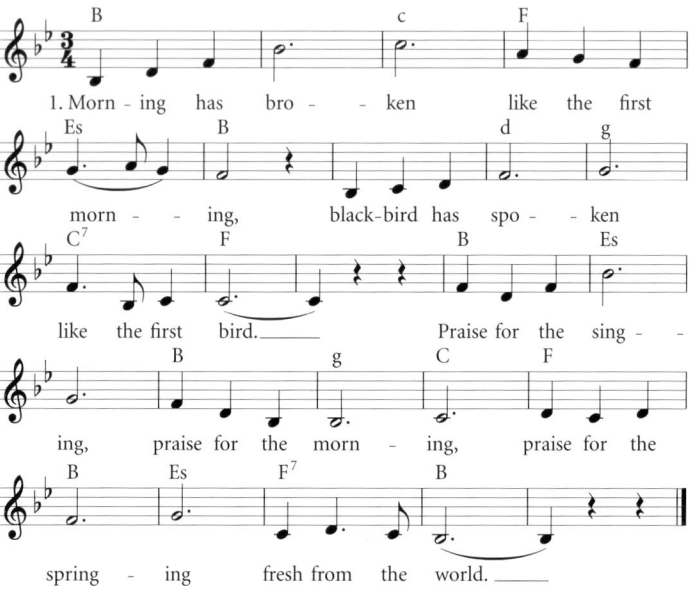

1. Morn - ing has bro - - ken like the first morn - - ing, black-bird has spo - - ken like the first bird. Praise for the sing - - ing, praise for the morn - ing, praise for the spring - ing fresh from the world.

2. Sweet the rain's new fall, sunlit from heaven, like the first dewfall on the first grass. Praise for the sweetness of the wet garden, sprung in completeness where his feet pass.

3. Mine is the sunlight, mine is the morning, born of the one light Eden saw play. Praise with elation, praise ev'ry morning, God's recreation of the new day.

Worte: Eleanor Farjeon · Melodie: Cat Stevens

Regen, Tau und Schnee

Kanon für 4 Stimmen

Re - gen, Tau und Schnee, der fällt vom Him - mel nie - der auf die Welt, wird Was - ser in Bä - chen, Flüs - sen und See - en,

rie – selt, fließt und strömt da – hin; lässt die Boo – te schau – keln weit drau – ßen auf dem Meer. Son – ne kommt und wärmt es, Dampf steigt auf und wird zu Wol – ken, die brin – gen …

Worte: Ingrid Oberborbeck · Musik: Stefan Forsser

Ev'rybody loves saturday night

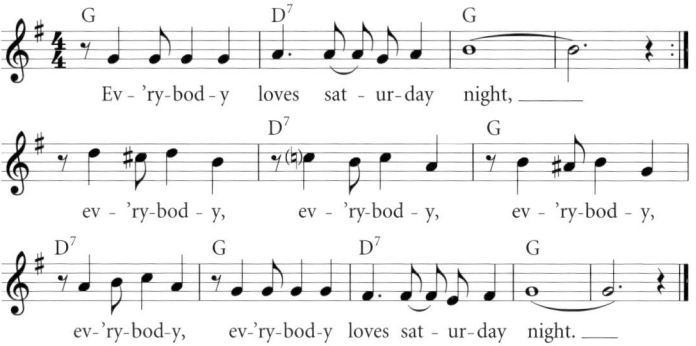

Ev – 'ry-bod – y loves sat – ur-day night, _____ ev – 'ry-bod – y, ev – 'ry-bod – y, ev – 'ry-bod – y, ev – 'ry-bod – y, ev – 'ry-bod – y loves sat – ur-day night. ____

Bobo waro fero Satodeh. (nigerianisch)
Jedermann mag den Samstagabend. (deutsch)
Jeder eyne hot lieb Shabas ba nacht. (jiddisch)
Tout le monde aime le samedi soir. (französisch)
El sábado ama todo el mundo. (spanisch)
Todos gostan dos sabados a noite. (portugiesisch)
Tutti ama sabato sera. (italienisch)
Kazhdi ma hrad sabotu vietcher. (tschechisch)
Vsiem nravitsa subbota vjetscherom. (russisch)
Ren sen si huan li pai lu. (chinesisch)
Alle elsker lordag aften. (dänisch)
Alle elsker lordag kveld. (norwegisch)

Aus Nigeria

Der Mond ist aufgegangen

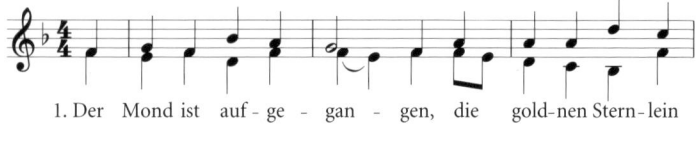

1. Der Mond ist auf-ge-gan-gen, die gold-nen Stern-lein

pran-gen am Him-mel hell und klar.___ Der

Wald steht schwarz und schwei-get und aus den Wie-sen

stei-get der wei-ße Ne-bel wun-der-bar.

2. Wie ist die Welt so stille und in der Dämmrung Hülle
so traulich und so hold!
Als eine stille Kammer, wo ihr des Tages Jammer
verschlafen und vergessen sollt.

3. Seht ihr den Mond dort stehen? Er ist nur halb zu sehen
und ist doch rund und schön.
So sind wohl manche Sachen, die wir getrost belachen,
weil unsre Augen sie nicht sehn.

4. So legt euch denn, ihr Brüder, in Gottes Namen nieder,
kalt ist der Abendhauch.
Verschon uns Gott mit Strafen und lass uns ruhig schlafen
und unsern kranken Nachbarn auch!

Worte: Matthias Claudius · Melodie: Johann Abraham Peter Schulz ·
Satz: Peter Vagts

Moon River ②

Moon River, wider than a mile: I'm crossin' you in style some day. Old dream - - maker, you heart - - breaker, wher- ev - er you're go - in' I'm go - in' your way: two drift - ers, off to see the world. There's such a lot of world to see. We're af - ter the same rain - bow's end, wait - in' 'round the bend, my Huck - le - ber - ry friend, Moon Riv - er and me.

Worte: Johnny Mercer · Melodie: Henry Mancini

Auld lang syne (Ein neuer Tag) ④

1. Should auld ac-quain-tance be for-got and
1. Ein neu-er Tag bricht bald he-rein, der

nev-er brought to mind? Should auld ac-quain-tance
weit uns se-hen soll, zum Ab-schied reicht euch

be for-got and days of auld lang syne? 1.–4. For auld lang
nun die Hand und sa-get »Le-be-wohl«. 1.–3. Von Ort zu Ort, von

syne, my dear, for auld lang syne, we'll
Land zu Land er-klingt ein Lied da-rein, reicht

take a cup o' kind-ness yet for auld lang syne.
eu-re Hän-de fest zum Bund: Wir wol-len Freun-de sein.

2. We two have run about the braes and pulled the gowans fine,
   but we've wandered many a weary foot since auld lang syne.

3. We two have paddled in the brook from morning sun till noon,
   but seas between us broad have roared since auld lang syne.

4. And here's a hand, my trusty friend, and give us a hand of thine,
   we'll take a right good willie waught for auld lang syne.

2. Ob Nord, ob Süd, ob Ost, ob West, wo du auch stehst, ist gleich:
   Ein Freundeskreis durchzieht die Welt: Horch auf, die Zeit ist reif.

3. Ein schöner Tag zu Ende geht, die Sterne sind erwacht,
   wir reichen uns die Hände nun und sagen »Gute Nacht«.

Aus Schottland · Nachdichtung: Oswald Schanowsky · Satz: Karl Haus/Franz Möckl

Am Lagerfeuer ②

1. Fla - ckern - des Feu - er, Zel - te, die träu - men,
   ruh - lo - ser Nacht - wind fern in den Bäu - men.

Schür die Glut und lass das Feu - er nicht ver - we - hen!

Ü - bers Jahr erst wer - den wir ein neu - es se - hen.

2. Hoch loht die Flamme, stumm wird die Runde, Abschied zu nehmen
   mahnt uns die Stunde. Steig' ein letztes Lied empor, mein Freund,
   nun singe, dass es in die abendstille Weite dringe!

3. Matt wird das Feuer, bald ist's verglommen, über uns ist die Nacht schon
   gekommen, schlaf nun ein, mein Freund, sollst gute Träume finden!
   Übers Jahr wirst du das Feuer neu entzünden!

Aus Ungarn · Nachdichtung: Heidi Kirmße

Oh, wie wohl ist mir am Abend

Kanon für 3 Stimmen

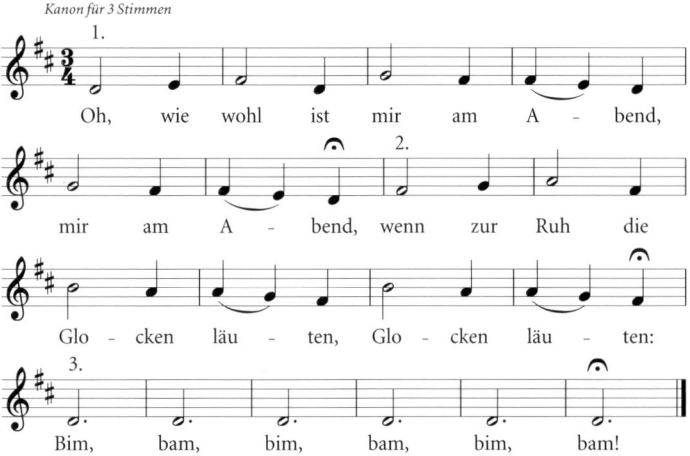

1. Oh, wie wohl ist mir am A - bend,

2. mir am A - bend, wenn zur Ruh die

Glo - cken läu - ten, Glo - cken läu - ten:

3. Bim, bam, bim, bam, bim, bam!

Yesterday

1. Yes - ter-day   all my troub-les seemed so far a - way. __
2. Sud-den-ly   I'm not half the man I used to be, ___
3. u. 4. Yes - ter-day   love was such an eas - y game to play. __

in Strophe 4 zu ⊕

Now it looks as through they're here to stay. Oh I be-lieve in
there's a shad-ow hang - ing o - ver me. Oh yes-ter-day came
Now I need a place to hide a - way. Oh I be-lieve in

yes - ter - day.__ 2. u. 3. Why she had to go I don't
sud - den - ly.___
yes - ter - day.__

know, she would – n't say. ____   I   said

some - thing wrong now I long for yes - ter - day. _____

dal segno 𝄋

Coda

yes - ter - day. Mm - mm – mm – mm – mm – mm – mm - mm.

Worte und Melodie: John Lennon/Paul McCartney

As tears go by ④

1. It is the eve - ning of the day,

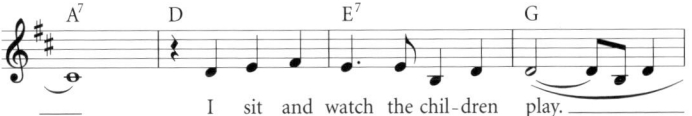

I sit and watch the chil - dren play.

Smil - ing fa - ces I can see ___ but not for

me. ___ I sit and watch as tears go by. ___

2. My riches can't buy ev'rything,
   I want to hear the children sing.
   All I hear is the sound
   of rain falling on the ground.
   I sit and watch
   as tears go by.

3. It is the evening of the day,
   I sit and watch the children play.
   Doin' things I used to do,
   they think are new.
   I sit and watch
   as tears go by.

Worte und Melodie: Mick Jagger/Keith Richards

51

Der Winter ist vergangen

1. Der Winter ist vergangen, ich seh des Maienschein, ich seh die Blümlein prangen, des ist mein Herz erfreut. So fern in jenem Tale, da ist gar lustig sein, da singt Frau Nachtigalle und manch Waldvögelein.

2. Ich geh, ein'n Mai zu hauen, hin durch das grüne Gras,
   schenk meinem Buhl'n die Treue, die mir die Liebste was,
   und bitt', dass sie mag kommen, all vor dem Fenster stahn,
   empfang'n den Mai mit Blumen, er ist gar wohl getan.

Aus den Niederlanden · Satz: Walter Rein

Der Winter ist vorüber ①

1. Der Win-ter ist vo-rü-ber, vor-bei ist der Ap-ril, im

Mai-en heim-ge-kom-men, der Ku-ckuck bleibt nicht still.

1.–4. Ku -

ckuck, Kuckuck, vor-

1.–4. Kuckuck, Kuckuck, vor-bei ist der Ap-ril, im Mai-en heim-ge-

|1. Ku - |2.

kom-men, der Kuckuck bleibt nicht still. Kuckuck bleibt nicht still.

2. Da droben im Gebirge
   ist aller Schnee zertaut,
   der alte Schelm, der Kuckuck,
   schaut, wo ein Nest gebaut.

3. Die Schöne hinterm Fenster
   schaut sich die Augen aus
   und hofft, dass ihr der Kuckuck
   den Liebsten bringt nach Haus.

4. Der Mai, der liebe Maien,
   das ist die beste Zeit,
   er lässt die Liebe blühen,
   sobald der Kuckuck schreit.

Aus dem Tessin · deutscher Text: Hans Baumann

Nun will der Lenz uns grüßen ③

1. Nun will der Lenz uns grü – – ßen, von Mit – tag weht es lau; Draus wob die brau – ne Hei – de sich ein Ge – wand gar fein und lädt im Fest – tags – klei – de zum Mai – en – tan – ze ein.

aus al – len E – cken sprie – – ßen die Blu – men rot und blau. Draus wob die brau – ne Hei – – de sich ein Ge – wand gar fein und lädt im Fest – tags – klei – – de zum Mai – en – tan – ze ein.

2. Waldvöglein Lieder singen, wie ihr sie nur begehrt, drum auf zum frohen Springen, die Reis' ist Goldes wert! Hei, unter grünen Linden, da leuchten weisse Kleid! Heija nun hat uns Kinden ein End all Wintersleid.

Worte: nach Neidhart von Reuenthal (13. Jh.) · Melodie aus dem 17. Jh. · Satz: Walter Rein

Leise zieht durch mein Gemüt

1. Lei - se zieht durch mein Ge - müt lieb - li - ches Ge - läu - te; klin - ge, klei - nes Früh - lings - lied, kling hi - naus ins Wei - - - te!

2. Kling hinaus bis an das Haus, wo die Blumen sprießen,
wenn du eine Rose schaust, sag, ich lass' sie grüßen.

Worte: Heinrich Heine · Melodie: Felix Mendelssohn Bartholdy

Maienwind am Abend

Kanon für 4 Stimmen

Mai - en - wind am A - bend sacht lässt die Blät - ter we - hen,
lieb - lich duf - tend in der Nacht Flie - der - bäu - me ste - hen,
Ap - fel - blü - ten dicht an dicht schim - mern weiß im Mon - den - licht, weiß im Mon - den - licht.
Mai - en - wind am A - bend sacht lässt die Blät - ter we - hen.

Die Stimmen schließen nacheinander.

Aus Ungarn · Nachdichtung: Barbara Heuschober

Rain in may ②

1. Feel - ing down when the au - tumn has come,_
2. Feel - ing down when the win - ter has come,_

storm - y days and the leaves keep on fall - ing, I don't
fro - zen feet and the snow - flakes are fall - ing, I don't

like the town when the au - tumn has come,_
like the town when the win - ter has come,_

clouds are grey and there's fog out - side.
dirt - y streets and it's cold out - side.

I don't care for a ride in sleigh,

get your share from the rain in may.

1.–3. Rain in may, wash your wor - ries a - way,

take a dose, take off your clothes, feel the soft warm

spray _____ of the rain in ___ may.

3. Feeling down when the summer has come, burning heat, drops of sweat keep on falling. I don't like the town when the summer has come, dusty streets and it's hot outside. I don't care for a sunny day, get your share from the rain in may…

Worte und Musik: Meldon/Pilgrim

Komm, lieber Mai

1. Komm, lie – ber Mai, und ma – – che die
   lass mir an dem Ba – – che die

Bäu – me wie – der grün und klei – nen Veil – chen

blühn! Wie möcht ich doch so ger – ne ein

Veil – chen wie – der sehn, ach, lie – ber Mai, wie

ger – ne ein – mal _ spa – zie – ren gehn!

2. Zwar Wintertage haben wohl auch der Freuden viel; man kann im Schnee eins traben und treibt manch Abendspiel, baut Häuserchen von Karten, spielt Blindekuh und Pfand; auch gibt's wohl Schlittenfahrten aufs liebe freie Land.

3. Doch wenn die Vöglein singen und wir dann froh und flink auf grünem Rasen springen, das ist ein ander Ding! Jetzt muss mein Steckenpferdchen dort in dem Winkel stehn; denn draußen in dem Gärtchen kann man vor Schmutz nicht gehn.

4. Ach, wenn's doch erst gelinder und grüner draußen wär! Komm, lieber Mai, wir Kinder, wir bitten dich gar sehr! O komm und bring vor allem uns viele Veilchen mit, bring auch viel Nachtigallen und schöne Kuckucks mit!

Worte: Christian Adolf Overbeck · Melodie: Wolfgang Amadeus Mozart

Wann wird's mal wieder richtig Sommer ③

1. Wir brauch-ten frü-her kei-ne gro-ße Rei-se,
Doch heu-te sind die Brau-nen nur noch wei-se,

wir wur-den braun auf Bor-kum und auf Sylt.
denn hier wird man ja

doch nur tief-ge-kühlt. Ja, frü-her gab's noch
Da hat-ten wir noch

hit-ze-frei, das Frei-bad war schon auf im Mai. Ich
Son-nen-brand und Rie-sen-qual-len an dem Strand und

saß bis in die Nacht vor un-serm Haus. Eis und je-der

Schutz-mann zog die Ja-cke aus. 1.–3. Wann wird's mal

wie-der rich-tig Som-mer, ein Som-mer, wie er

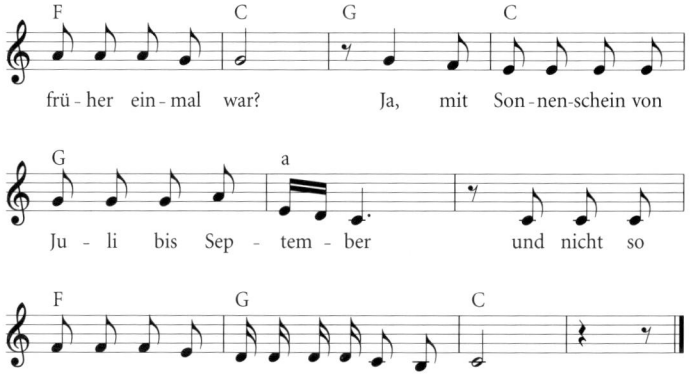

frü - her ein - mal war? Ja, mit Son - nen-schein von
Ju - li bis Sep - tem - ber und nicht so
nass und so si - bi-risch wie im letz - ten Jahr.

2. Und was wir da für Hitzewellen hatten,
   Pulloverfabrikanten gingen ein.
   Da gab es bis zu vierzig Grad im Schatten,
   wir mussten mit dem Wasser sparsam sein.
   Die Sonne knallte ins Gesicht,
   da brauchte man die Sauna nicht.
   Ein Schaf war damals froh, wenn man es schor.
   Es war hier wie in Afrika,
   wer durfte, machte FKK.
   Doch heut – heut summen alle Mücken laut im Chor:

3. Der Winter war der Reinfall des Jahrhunderts,
   nur über tausend Meter gab es Schnee.
   Mein Milchmann sagt, dies Klima hier, wen wundert's,
   denn schuld daran ist nur die SPD.
   Ich find', das geht ein bisschen weit,
   doch bald ist wieder Urlaubszeit
   und wer von uns denkt da nicht dauernd dran?
   Trotz allem glaub' ich unbeirrt,
   dass unser Wetter besser wird,
   nur wann, und diese Frage geht uns alle an:

Worte: Thomas Woitkewitsch · Melodie: Steve Goodman

In the summertime ①

1. In the sum-mer - time when the weath-er is hight you can

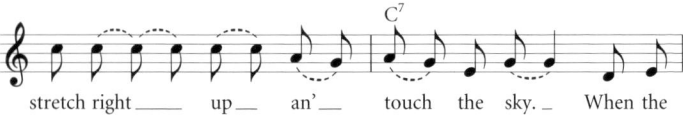

stretch right _____ up _ an' _ touch the sky. _ When the

weath-er's _ fine, you got wom-en, you got wom-en, on your

mind. Have a drink, have a drive,

go out _ an' see what you can find.

2. If her daddy's rich, take her out for a meal,
   if her daddy's poor, just do as you feel.
   Speed along the lane, do a ton or a ton an' twentyfive.
   When the sun goes down, you can make it, make it good in a layby.

3. We're not grey people, we're not dirty, we're not mean,
   we love ev'rybody, but we do as we please,
   when the weather's fine, we go fishing or go swimming in the sea.
   We're always happy, life's for living yeah! That's our philosophy.

4. When the winter's here, yeah, it's party time,
   bring a bottle, wear your bright clothes, it'll soon be summertime.
   And we'll sing again, we'll go driving or maybe we'll settle down.
   If she's rich, if she's nice, bring your friends an' we'll all go into town.

Worte und Melodie: Ray Dorset

Days of summer ④

1.–3. Hi, hal - lo! La - zy, ha - zy, cra - zy days of sum - mer, ___ bleibt lan - ge bei uns, lasst uns nicht al - lein. Hi, hal - lo! La - zy, ha - zy, cra - zy days of sum - mer, ___ zeigt, was ihr könnt, und je - der wird euch dank - bar sein.

1. Wir müs - sen euch nicht län - ger in der Fer - ne su - chen, ___ denn ihr seid bei uns ___ je - den Tag. Man hat euch mor - gens, mit - tags und so - gar am A - bend und je - der nimmt sich von euch so viel, wie er mag!

nach Strophe 3 da capo al fine

2. Wir ziehen los mit Cola, Walkman, Ball und Schlauchboot, mit Hund und Katze hin zum See. Und wenn ihr uns mit euren Sonnenstrahlen streichelt, ist das in Ordnung, ja, dann ist das ganz O. K.

3. Da freun sich selbst die blank geputzten Fahrradspeichen, sie blinken fröhlich in das Licht. Und wenn ihr uns mit eurem Lächeln stets begleitet, vergessen wir euch, days of summer, wirklich nicht!

Deutscher Text: Wilfried Behrendt • Melodie: Hans Carste

Summertime ②

1. Sum - mer - time _____ an' the liv - in' is eas - y. _____ Fish are jump - in' ___ an' the cot - ton is high. _____ Oh yo' dad - dy's rich, an' yo' ma is good - look - in'. ___ So hush, lit - tle ba - by, don' ___ yo' cry. _____

2. One of these morn - in's you goin' to rise ___ up sing - in'. Then you'll spread yo' wings an' you'll take the sky. ___

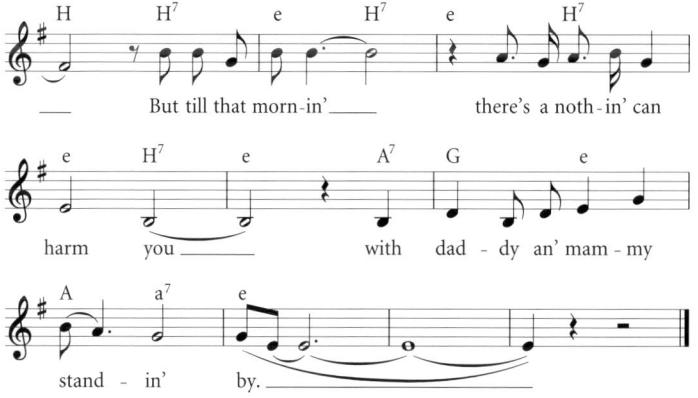

But till that morn-in'___ there's a noth-in' can harm you___ with dad-dy an' mam-my stand - in' by.___

Worte: Du Bose Heyward/Ira Gershwin · Melodie: George Gershwin

I like the flowers

Kanon für 4 Stimmen

1. I like the flow-ers, I like the daf - fo - dils.

2. I like the moun - tains, I like the roll - ing hills.

3. I like the fi - re - place, when the light is low. We are

4. sing - ing our sum - mer song: Di dum di dum, di dum da da.

Aus England

Auf, auf zum fröhlichen Jagen

Melodie in der Unterstimme

1. Auf, auf zum fröh - li - chen Ja - gen, auf
Es fängt schon an zu ta - gen, es

in die grü - ne Heid! Die Vö - gel in den
ist die schöns - te Zeit.

Wäl - dern sind schon vom Schlaf er - wacht und

ha - ben auf den Fel - dern das Mor - gen - lied voll -

1.–3. Tri - di - jo, di -

bracht. 1.–3. Tri - di - he - jo, di - he - jo, di -

tri - di - jo,
he - di - he - di - jo, tri - di - jo, he - jo, di -

tri - di - jo, tri - di - jo, tri - di - jo,

he - jo, di - he - di - jo, tri - di - jo.

2. Frühmorgens, als der Jäger in'n grünen Wald 'neinkam, da sah er
   mit Vergnügen das schöne Wildbret an. Die Gamslein, Paar um Paare,
   sie kommen von weit her, die Rehe und das Hirschlein,
   das schöne Wildbret schwer.

3. Das edle Jägerleben vergnüget meine Brust, dem Wilde nachzustreifen
   ist meine höchste Lust. Wir laden unsre Büchsen mit Pulver und mit
   Blei; wir führ'n das schönste Leben, im Walde sind wir frei.

Aus Frankreich · Worte: Gottfried Benjamin Hanke · Satz: Gerhard Räker

Bunt sind schon die Wälder ①

1. Bunt sind schon die Wäl - der, gelb die Stop - pel -
fel - der und der Herbst be - ginnt.
Ro - te Blät - ter fal - len, grau - e Ne - bel
wal - len, küh - ler weht der Wind.

2. Wie die volle Traube aus dem Rebenlaube purpurfarbig strahlt!
   Am Geländer reifen Pfirsiche mit Streifen rot und weiß bemalt.

3. Flinke Träger springen, und die Mädchen singen, alles jubelt froh!
   Bunte Bänder schweben zwischen hohen Reben auf dem Hut von Stroh.

4. Geige tönt und Flöte bei der Abendröte und im Morgenglanz;
   junge Winzerinnen winken und beginnen frohen Erntetanz.

Worte: Johann Gaudenz von Salis-Seewis · Melodie: Johann Friedrich Reichardt ·
Satz: Manfred Grote

Leer sind die Felder ④

1. Leer sind die Fel - der und voll _____ ist die
Heut lasst uns schüt - teln die al - ler - letz - ten

Scheu - ne und der Mül - ler in der Müh - le
Bäu - me, da - rum sind die Bur - schen und die

mahlt das Korn zu Mehl. Recht die
Mä - del so fi - del.

Fel - der ab, a - ber nicht zu knapp!

Vö - ge - lein und Mäus - chen krie - gen auch noch et - was ab.

1. Mäus - chen krie - gen auch noch et - was ab.
2. Schließt die Ern - te stets mit Wein und Tanz.

2. Schmücket die Tenne mit Blättern und Blüten,
Bauernrosen, Sonnenblumen haben wir genug.
Hei, seht, im Tanze, da drehn sich schon die Kinder,
alle unsre Mädchen stehn und warten auf den Bursch.
Bind't das Korn zum Kranz! Heißa, auf zum Tanz!
Hierzulande schließt die Ernte stets mit Wein und Tanz.

Aus Dänemark · Nachdichtung: Gerhard Bünnemann · Satz: Manfred Grote

Novemberlied ①

1. Die Son - ne schleicht am Wald ent - lang, als
wä - re sie schon schnup-fen-krank. Gold-braun stehn al - le
Ei - chen. Es ne - belt aus den Tei - chen. Gold-
braun stehn al - le Ei-chen. Es ne - belt aus den Tei-chen.

2. Das letzte Blatt fällt sacht vom Ast so leise wie ein Windhauch fast,
   und nur die Krähen krächzen und fürchten sich vor Hexen.

3. Der Himmel hängt im Apfelbaum und tropft aus seinem Wolkensaum.
   Nass glänzen Zaun und Türen. Man kann den Schnee schon spüren.

Worte: Inge Feustel · Melodie: Manfred Grote

Hejo, spann den Wagen an

Kanon für 3 Stimmen

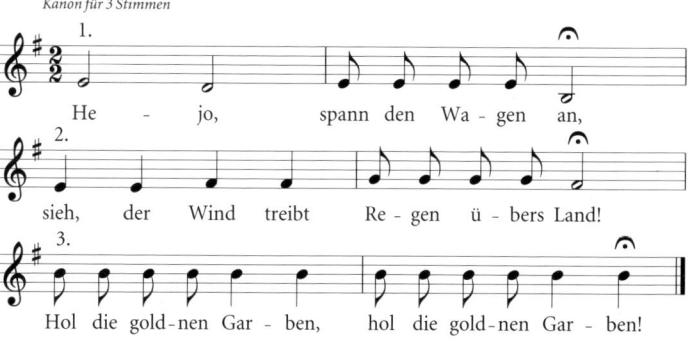

1. He - jo, spann den Wa - gen an,
2. sieh, der Wind treibt Re - gen ü - bers Land!
3. Hol die gold-nen Gar - ben, hol die gold-nen Gar - ben!

Worte und Musik: nach einem englischen Kanon

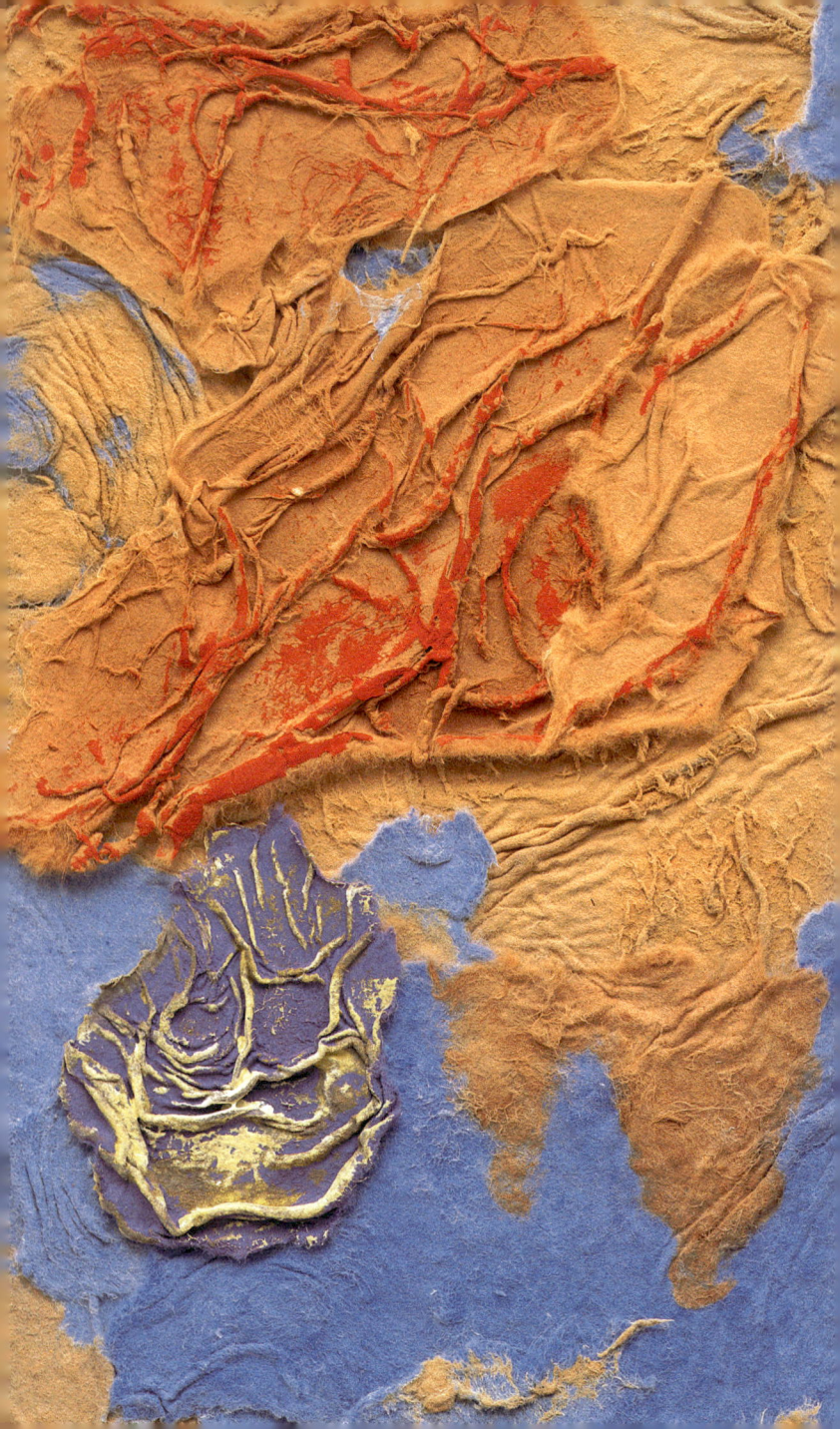

Heute hier, morgen dort

Das Wandern ist des Müllers Lust

1. Das Wan - dern ist des Mül - lers Lust, das
Wan - dern ist des Mül - lers Lust, das Wan - dern. Das
muss ein schlech-ter_ Mül - ler sein, dem nie-mals fiel_ das_
Wan-dern ein, dem nie - mals fiel das Wan - dern ein, das
Wan - - - dern. Das Wan - - -
- - dern, das Wan - - - - dern, das
Wan - dern, das Wan - dern, das Wan - dern.

2. Vom Wasser haben wir's gelernt, vom Wasser! Das hat nicht Ruh' bei Tag
und Nacht, ist stets auf Wanderschaft bedacht, das Wasser …

3. Das sehn wir auch den Rädern ab, den Rädern, die gar nicht gerne stille stehn, die sich mein Tag nicht müde drehn, die Räder …

4. Die Steine selbst, so schwer sie sind, die Steine, sie tanzen mit den muntern Reih'n und wollen gar noch schneller sein, die Steine …

5. O Wandern, Wandern, meine Lust, o Wandern! Herr Meister und Frau Meisterin, lasst mich in Frieden weiterziehn und wandern …

Worte: Wilhelm Müller · Melodie: Carl Zöllner · Satz: Manfred Grote

Im Frühtau zu Berge ③

1. Im Früh - tau zu Ber - ge wir ziehn, fal - le - ra, es grü - nen die Wäl - der, die Höhn, fal - le - ra. Wir wan - dern oh - ne Sor - gen sin - gend in den Mor - gen, noch eh im __ Ta - le die Häh - ne krähn.

2. Ihr alten und hochweisen Leut, fallera, ihr denkt wohl, wir wären nicht gescheit, fallera. Wer wollte aber singen, wenn wir schon Grillen fingen in dieser herrlichen Frühlingszeit!

3. Werft ab alle Sorgen und Qual, fallera, und wandert mit uns aus dem Tal, fallera! Wir sind hinausgegangen den Sonnenschein zu fangen: Kommt mit und versucht es auch selbst einmal!

Aus Schweden · Textfassung: Walther Hensel · Satz: Manfred Grote

Hoch auf dem gelben Wagen

1. Hoch auf dem gel-ben Wa - gen sitz ich beim Schwa-ger
   Vor-wärts die Ros - se tra - ben,

vorn. lus - tig schmet-tert das Horn.

Fel - der und Wie - sen und Au - en, wo-gen-des Äh - ren -

gold. Ich möch-te ja so gerne noch schau - en,

a - ber der Wa - gen, der rollt. Ich rollt.

2. Postillion in der Schenke füttert die Rosse im Flug.
   Schäumendes Gerstengetränke reicht mir der Wirt im Krug.
   Hinter den Fensterscheiben lacht ein Gesicht so hold.
   |: Ich möchte ja so gerne noch bleiben, aber der Wagen, der rollt. :|

3. Flöten hör ich und Geigen, lustiges Bassgebrumm.
   Junges Volk im Reigen tanzt um die Linde herum,
   wirbelt wie Blätter im Winde, jauchzet und lacht und tollt.
   |: Ich bliebe ja so gern bei der Linde, aber der Wagen, der rollt. :|

4. Sitzt einmal ein Gerippe dort bei dem Schwager vorn,
   schwenkt statt der Peitsche die Hippe, Stundenglas statt des Horns,
   sag ich: »Ade nun, ihr Lieben, die ihr nicht mitfahren wollt!«
   |: Ich wäre ja so gern noch geblieben, aber der Wagen, der rollt. :|

Worte: Rudolf Baumbach · Melodie: Heinz Höhne

72

Und in dem Schneegebirge

1. Und in dem Schnee-ge - bir - ge, da fließt ein Brünn-lein

kalt. Und wer des Brünn-leins trin - ket, und

wer des Brünn-leins trin - ket, wird jung und nim-mer alt.

2. Ich hab daraus getrunken
   gar manchen frischen Trunk;
   |: ich bin nicht alt geworden, :|
   ich bin noch allzeit jung.

3. »Ade, mein Schatz, ich scheide,
   ade, mein Schätzelein!«
   |: »Wann kommst du aber wieder, :|
   Herzallerliebster mein?«

4. »Wenn's schneiet rote Rosen
   und regnet kühlen Wein.
   |: Ade, mein Schatz, ich scheide, :|
   ade, mein Schätzelein.«

5. »Es schneit ja keine Rosen
   und regnet keinen Wein;
   |: so kommst du auch nicht wieder, :|
   Herzallerliebster mein!«

Aus Schlesien · Satz: Klaus Wolf

Der Lindenbaum (Am Brunnen vor dem Tore)

1. Am Brun - nen vor dem To - re, da steht ein Lin - den -
baum; ich träumt in sei - nem Schat - ten so
man - chen sü - ßen Traum. Ich schnitt in sei - ne
Rin - de so man - ches lie - be Wort; es
zog in Freud und Lei - de zu ihm ___ mich im - mer
fort, zu ihm ___ mich im - mer fort.

2. Ich musst auch heute wandern vorbei in tiefer Nacht,
   da hab ich noch im Dunkel die Augen zugemacht.
   Und seine Zweige rauschten, als riefen sie mir zu:
   Komm her zu mir, Geselle, |: hier findst du deine Ruh! :|

3. Die kalten Winde bliesen mir grad ins Angesicht;
   der Hut flog mir vom Kopfe, ich wendete mich nicht.
   Nun bin ich manche Stunde entfernt von jenem Ort
   und immer hör ich's rauschen: |: Du fändest Ruhe dort! :|

Worte: Wilhelm Müller · Melodie: nach Franz Schubert

Stand ein Birkenbaum ④

1. Stand ein Bir-ken-baum am grü-nen Rai-ne,
1. Vó po-lé be-rjó-zonj-ka sta-já-la,
1. Во́ по-ле́ бе-рё-зонь-ка сто-я́-ла,

stand so ein-sam dort, so ganz al-lei-ne, ach ja,
vó po-lé ku-drjá-va-ja sta-já-la. Ljú-li,
во́ по-ле́ ку-дря́-ва-я сто-я́-ла. Лю́-ли,

ja, so ganz al-lei-ne, ach ja, ja, so ganz al-lei-ne.
ljú-li, sta-já-la, ljú-li, ljú-li, sta-já-la.
лю́-ли, сто-я́-ла, лю́-ли, лю́-ли, сто-я́-ла.

2. Niemand ging, sich unter ihm zu strecken, niemand schnitt von ihm sich einen Stecken, |: ach ja, ja, sich einen Stecken. :|

3. Ei, so will ich auf das Feld denn gehen, will mal nach dem Birkenbaume sehen, |: ach ja, ja, dem Baume sehen. :|

4. Lass drei Zweigelein von ihm mir schenken, mach drei Pfeifchen draus zum Angedenken, |: ach ja, ja, zum Angedenken. :|

5. Aus 'nem vierten mach ich eine Fiedel, spielt der Bettelmann drauf seine Liedel, |: ach ja, ja, drauf seine Liedel. :|

2. Njékamu berjózu zalamáti, njékamú kudrjávu zasčýpáti. Ljúli, ljúli …

3. Pójdu ja vljes, pagulijáju, béluju berjózu zalamáju. Ljúli, ljúli …

4. Sréžu ja sberjózy tri prutóčka, zdélaju iz nich ja tri gudóčka. Ljúli, ljúli …

5. Četvértuju balalájku stáromú djédu na zabávku. Ljúli, ljúli …

2. Не́кому берёзу заломáти, не́кому кудря́ву защипáти. Лю́ли, лю́ли …

3. Пóйду я в лес, погуля́ю. Бе́лую берёзу заломáю. Лю́ли, лю́ли, …

4. Сре́жу я с берёзы три прутóчка, сде́лаю из них я три гудóчка. Лю́ли, лю́ли, …

5. Че́твертую балалáйку стáрому де́ду на забáвку. Лю́ли, лю́ли, …

Aus Russland · deutscher Text: August Scholz

Es, es, es und es ②

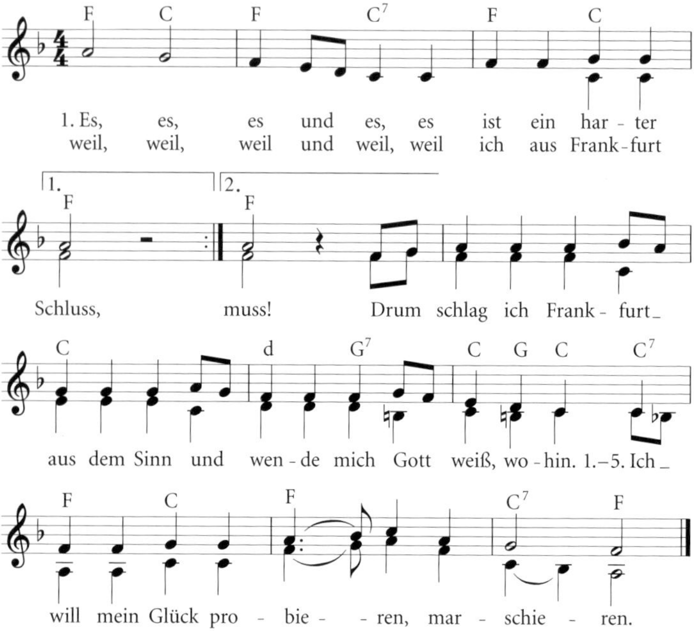
F C F C7 F C
1. Es, es, es und es, es ist ein har - ter
weil, weil, weil und weil, weil ich aus Frank-furt
1. 2.
F F
Schluss, muss! Drum schlag ich Frank - furt
C d G7 C G C C7
aus dem Sinn und wen - de mich Gott weiß, wo - hin. 1.–5. Ich
F C F C7 F
will mein Glück pro - bie - - ren, mar - schie - ren.

2. Er, er, er und er, Herr Meister, leb er wohl! :| Ich sag's ihm grad frei ins Gesicht: Seine Arbeit, die gefällt mir nicht.

3. Sie, sie, sie und sie, Frau Meist'rin, leb sie wohl! :| Ich sag's ihr grad frei ins Gesicht: Ihr Speck und Kraut, das schmeckt mir nicht.

4. Er, er, er und er, Herr Wirt, nun leb er wohl! :| Hätt er die Kreid' nicht doppelt g'schrieb'n, so wär ich länger dageblieb'n.

5. Ihr, ihr, ihr und ihr, ihr Jungfern, lebet wohl! :| Ich wünsch euch jetzt zu guter Letzt ein' andern, der mein Stell ersetzt.

Volkslied · Satz: Manfred Grote

Glück auf, Glück auf

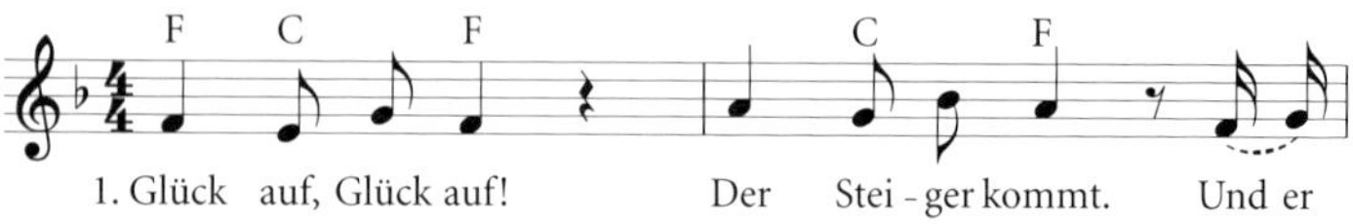
F C F C F
1. Glück auf, Glück auf! Der Stei - ger kommt. Und er

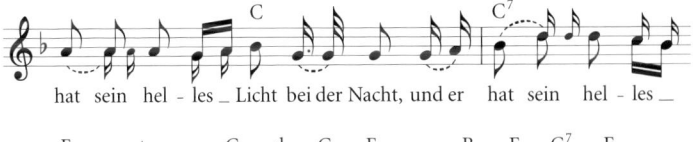

hat sein hel - les _ Licht bei der Nacht, und er hat sein hel - les _

Licht bei der Nacht schon an - ge - zünd't, schon an - ge - zünd't.

2. Schon angezünd't, es gibt ein'n Schein; |: und damit so fahren wir bei der Nacht :||: ins Bergwerk 'nein. :|

3. Ins Bergwerk 'nein, wo Bergleut sein, |: und sie graben das Silber und Gold bei der Nacht :||: aus Felsenstein. :|

Aus dem Erzgebirge

Der Steiger kommt

1. Glück auf, Glück auf! Der Stei-ger kommt.

1. Glück auf, Glück auf! Der Stei-ger kommt.

Er hat sein Gru-ben-licht, er hat sein Gru-ben-licht,

er hat sein Gru-ben-licht schon an - ge - zünd't.

2. Schon angezünd't, es gibt ein'n Schein; :||: und hiermit fahren wir :| ins Bergwerk 'nein.

3. Ins Bergwerk 'nein, wo die Bergleut sein; :||: graben das Silber :| aus Felsenstein.

Aus dem Erzgebirge · Satz: Gerda Böhme-Bussard

Ich wandre ja so gerne

1. Ich wand - re ja so ger - ne am Renn - steig durch das Land, den Beu - tel auf dem Rü - cken, die Klamp - fe in der Hand. Ich bin ein lust' - ger Wan - ders - mann, so völ - lig un - be - schwert, mein Lied er - klingt durch Busch und Tann, das je - der ger - ne hört. 1.–3. Die - sen Weg auf den Höh'n bin ich oft ge - gan - gen, Vög - lein san - gen Lie - der. Bin ich weit in der Welt, ha - be ich Ver - lan - gen, Thü - rin - ger Wald, nur nach dir.

2. Durch Buchen, Fichten, Tannen, so schreit ich durch den Tag,
   begegne vielen Freunden, sie sind von meinem Schlag.
   Ich jodle lustig durch das Tal, das Echo bringt's zurück.
   Den Rennsteig gibt's ja nur einmal und nur ein Wandrerglück.

3. An silberklaren Bächen sich manches Mühlrad dreht,
   da rast' ich, wenn die Sonne so glutrot untergeht.
   Ich bleib, solang es mir gefällt, und ruf es allen zu:
   Am schönsten Plätzchen dieser Welt, da find ich meine Ruh.

Worte: Karl Müller · Melodie: Herbert Roth

An der Saale hellem Strande

1. An der Saa - le hel - lem Stran - de ste - hen

Bur-gen stolz und _ kühn; ih - re Dä - cher sind zer -

fal - len und der Wind _ streicht durch die

Hal - len, Wol - ken zie - hen drü - ber hin.

2. Zwar die Ritter sind verschwunden, nimmer klingen Speer und Schild;
   doch dem Wandersmann erscheinen in den altbemoosten Steinen oft
   Gestalten zart und mild.

3. Droben winken schöne Augen, freundlich lacht manch roter Mund;
   Wandrer schaut wohl in die Ferne, schaut in holder Augen Sterne, Herz
   ist heiter und gesund.

4. Und der Wandrer zieht von dannen, denn die Trennungsstunde ruft;
   und er singet Abschiedslieder, Lebewohl tönt ihm hernieder, Tücher
   wehen in der Luft.

Worte: Franz Kugler · Melodie: Friedrich Ernst Fesca

Kaan schinnern Baam

2. Bein Kannr sei Haus stieht a Vuglbärbaam,
   do sitzt unsern Kannr sei Weibse drnam.

3. No lasst se när sitzn, se schläft jo drbei,
   un hot se's verschlofn, do huln mer se rei.

4. Un wenn iech gestorm bie, iech wärsch net drlaam,
   do pflanzt uf mei Grab fei ann Vuglbärbaam.

5. Denn kaan schinnern Baam gippt's wie dan Vuglbärbaam,
   as ward a su leicht net ann schinnern Baam gahm!

Aus dem Erzgebirge

Die Lorelei

1. Ich weiß nicht, was soll es be-deu-ten, dass ich so trau-rig bin?___ Ein Mär-chen aus ur-al-ten Zei-ten, das kommt mir nicht aus dem Sinn.___ Die Luft ___ ist kühl und es dun-kelt und ru-hig fließt der Rhein, ___ der Gip-fel des Ber-ges fun-kelt im A-bend-son-nen-schein. ___

2. Die schönste Jungfrau sitzet dort oben wunderbar,
   ihr goldnes Geschmeide blitzet, sie kämmt ihr goldenes Haar.
   Sie kämmt es mit goldenem Kamme und singt ein Lied dabei;
   das hat eine wundersame, gewaltige Melodei.

3. Den Schiffer im kleinen Schiffe ergreift es mit wildem Weh;
   er schaut nicht die Felsenriffe, er schaut nur hinauf in die Höh.
   Ich glaube, die Wellen verschlingen am Ende Schiffer und Kahn;
   und das hat mit ihrem Singen die Lorelei getan.

Worte: Heinrich Heine · Melodie: Friedrich Silcher

Heute hier, morgen dort ①

1. Heu - te hier, mor - gen dort, bin kaum da, muss ich
Hab es selbst so ge - wählt, nie die Jah - re ge -

fort, hab mich nie - mals des - we - gen be - klagt.
zählt,

nie nach ges - tern und mor - gen ge - fragt.

1.–3. Manch - mal träu - me ich schwer und dann denk ich, es

wär Zeit zu blei - ben und nun was ganz and - res zu

tun. So ver - geht Jahr um Jahr und es ist mir längst

klar, dass nichts bleibt, dass nichts bleibt, wie es war.

2. Dass man mich kaum vermisst, schon nach Tagen vergisst, wenn ich
längst wieder anderswo bin, stört und kümmert mich nicht, vielleicht
bleibt mein Gesicht doch dem ein'n oder andern im Sinn.

3. Fragt mich einer, warum ich so bin, bleib ich stumm, denn die Antwort
darauf fällt mir schwer, denn was neu ist, wird alt, und was gestern noch
galt, stimmt schon heut oder morgen nicht mehr.

Worte: Hannes Wader · Melodie: Gary Bolstadt

Wieder hier ②

1. Ich hab dich wirk-lich lieb, wenn es so et-was gibt.
Ich find dich wun-der-schön, zu schön um zu ver-stehn,

Ich hab dich wirk-lich lieb in mei-nen Träu-
dass al-les mal ver-geht in mei-nen Träu-

-men.
-men.

1. u. 2. Ich bin wie-der hier __
2. Ich bin wie-der da, __

in mei-nem Re-vier.
noch im-mer ein Star,

War nie wirk-lich weg,
noch im-mer ein Held

hab mich nur ver-steckt.
für kein Geld der Welt.

Ich rie-che den Dreck,
War nie wirk-lich weg,

ich at-me tief ein
hab mich nur ver-steckt

und dann bin ich mir si-cher
und ei-nes ist si-cher,

wie-der zu Hau-se zu sein.
ich geh nie wie-der weg.

sein.
weg.

1. Refrain: bei Wiederholung obere Textzeile
2. Refrain: bei Wiederholung untere Textzeile

2. Ich hab dich wirklich lieb, auch wenn ich dir nie schrieb
und dich verleumdet hab in meinen Träumen.
Wenn du vergessen kannst, alles vergessen kannst,
dann schenk mir diesen Tanz, ich will nichts versäumen.

Worte und Melodie: Marius Müller-Westernhagen

83

Hamborger Veermaster ①

1. Ick heww mol een Ham-bor-ger Veer-mas-ter sehn,
de Mas-ten so scheew as den Schip-per sien Been, 1.–6. to my

how-day, to my how-day, how-day, how-day, ho.

1.–6. Blow, boys, ___ blow for Cal-i-for-ni-

o! There is plen-ty of gold, so I am told, on the

banks of Sac-ra-men-to. men-to.

2. Dat Deck weer von Isen, vull Schiet un vull Schmeer,
dat weer de Schietgäng ehr schönste Pläseer.

3. Dat Logis weer vull Wanzen, de Kombüüs weer vull Dreck,
de Bschüten, de löpen von sülben all weg!

4. Dat Soltfleesch weer gröön un de Speck weer vull Maden,
Kööm geew dat blooß an'n Wiehnachtsabend.

5. Un wull'n wi mol seil'n, ick segg dat jo nur,
denn lööp he dree vörut un veer werrer retur.

6. As dat Schipp, so weer ok de Kaptein,
de Lüüd för dat Schipp wörrn ok blooß schanghait.

Aus Schleswig-Holstein

Fährmann, hol über

Kanon für 3 Stimmen

1.
Wer wird uns brin - gen ans an - de - re U - fer?
Who will __ bring us __ o - ver the riv - er?

2.
Fähr - mann, Fähr - mann, komm und hol ü - ber,
Fer - ry - man, fer - ry - man, come take us o - ver!

3.
Fähr - mann, komm, hol ü - - - ber!
Come, _____ take us o - - - ver!

Aus England

Sailing

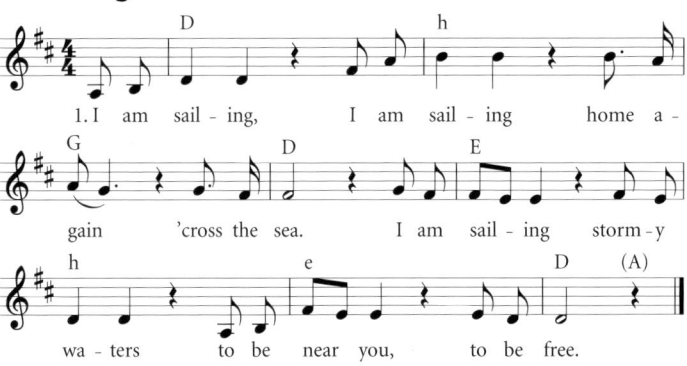

D   h
1. I am sail - ing, I am sail - ing home a -

G   D   E
gain 'cross the sea. I am sail - ing storm - y

h   e   D   (A)
wa - ters to be near you, to be free.

2. I am flying, I am flying like a bird 'cross the sky.
   I am flying, passing high clouds to be with you, to be free.

3. Can you hear me, can you hear me thro' the dark night, far away.
   I am dying, forever trying to be with you, who can say.

4. We are sailing, we are sailing home again 'cross the sea.
   We are sailing stormy waters to be near you, to be free.

Worte und Melodie: Gavin Sutherland

Sloop "John B." ③

1. We came on the sloop "John B." ___ My grand-fa-ther and me. A-round Nas-sau town we_ did roam. Drink-in' all night I got in-to a fight. ___ Well, I feel so broke up,

I wan-na go home.

1.–3. So hoist up the "John B." sails, see, how the main sail's set. Call for the cap-tain a-shore _ ___ let me go home. Let me go home. Yes I wan-na go home. ___ Now I feel so broke up, I wan-na go home.

2. First mate he got drunk and broke in the captains trunk, the constable had to come and take him away. Sheriff John Stone, why don't you leave me alone, well, I feel so broke up, I wanna go home.

3. Poor cook caught the fits, threw away all my grits, and then he took and he ate all of my corn. Let me go home, why don't you let me go home, this here is the worst trip, I've ever been on.

Von den Bahamas · Fassung: The Beach Boys

Swanee River

1. Way down up - on the Swa - nee Riv - er, far, far a -
See up and down the old cre - a - tion, sad - ly I

way, there's where my heart is turn - ing ev - er,
roam, still long - ing for the old plan - ta - tion

there's where the old folks stay. 1.–3. All the world is
and for the old folks at home.

sad and drear-y, ev - 'ry-where I roam. Oh, dark-ies, how my

heart grows wea - ry, far from the old folks at home.

2. All round the little farm I wandered when I was young;
the many happy days I squandered, many the songs I sung.
When I was playing with my brother happy was I.
Oh! Take me to my kind old mother, there let me live and die!

3. One little hut among the bushes, one that I love.
Still sadly to my mem'ry rushes, no matter where I rove.
When will I see the bees a-humming, all round the comb.
When will I hear the banjo strumming down in my good old home …

Worte und Melodie: Stephen Collins Foster

Über den Wolken ②

1. Wind Nord / Ost, Start-bahn null - drei, bis hier hör ich die Mo-
Wie ein Pfeil zieht sie vor - bei und es dröhnt in mei-nen

to - ren. ___ und der nas-se As-phalt bebt.
Oh - ren ___

Wie ein Schlei-er staubt der Re - gen, bis sie ab-hebt und sie

schwebt der Son - ne ent - ge - gen.

1.–3. Ü - ber den Wol - ken muss die Frei-heit wohl

gren-zen-los sein. Al - le Ängs-te, al - le Sor-gen, sagt man,

blie-ben da-run-ter ver-bor-gen und dann wür-de, was uns groß und

wich - tig er-scheint, plötz-lich nich - tig und klein.

2. Ich seh ihr noch lange nach, seh sie die Wolken erklimmen,
bis die Lichter nach und nach ganz im Regengrau verschwimmen.
Meine Augen haben schon jenen winz'gen Punkt verloren.
Nur von fern klingt monoton das Summen der Motoren.

3. Dann ist alles still, ich geh, Regen durchdringt meine Jacke.
   Irgendjemand kocht Kaffee in der Luftaufsichtsbaracke.
   In den Pfützen schwimmt Benzin schillernd wie ein Regenbogen.
   Wolken spiegeln sich darin. Ich wär gern mitgeflogen.

Worte und Melodie: Reinhard Mey

This land is your land

Die Strophen sind auf die gleiche Melodie zu singen wie der Refrain.

1. As I was walking that ribbon of highway, / I saw above me that endless skyway, / I saw below me that golden valley, / this land was made for you and me. This land is …

2. I've roamed and rambled and I followed my footsteps / to the sparking sands of her diamond deserts / and all above me a voice was sounding, / this land was made for you and me. This land is …

3. When the sun comes shining and I was strolling / and the wheatfields waving and the dust clouds rolling, / a voice was chanting as the fog was lifting, / this land was made for you and me. This land is …

Worte und Melodie: Woody Guthrie

Mull of Kintyre ③

1.–3. Mull of Kin - tyre oh mist roll - ing in from the
sea, my de - sire is al - ways to be here, oh
Mull of Kin - tyre. _____ 1. Far have I
trav - elled and much have I seen, dark dis - tant
moun - tains with val - leys of green. Past paint - ed
de - serts the sun - set's on fire as he car -
- ries me home to the Mull of Kin - tyre. _____

nach Strophe 3 da capo al fine

2. Smiles in the sunshine and tears in the rain,
   still take me back where my mem'ries remain.
   Flickering embers grow higher and higher,
   as they carry me back to the Mull of Kintyre.

3. Sweep through the heather like deer in the glen,
   oh carry me back to the days I knew then.
   Nights when we sang like a heavenly choir
   of the life and the times of the Mull of Kintyre.

Worte und Melodie: Paul und Linda McCartney/ Denny Laine

Island in the sun ①

1. This is my is‑land in the sun, __ where the
peo‑ple have toiled since time be‑gun, I may sail on
man‑y a sea. __ Her shores will al‑ways be home to me. __

1.–4. O is‑land in the sun, willed to me by my
fa‑ther's hand. All my days I will sing in praise of your
for‑ests, wa‑ters, your shin‑ing sand. __

2. When morning breaks the heav'n on high,
I lift my heavy load to the sky,
sun comes down with a burning glow
that mingles my sweat with the earth below.

3. I see woman on bended knee,
cutting cane for her family.
I see man at the waterside
casting nets at the surging tide.

4. I hope the day will never come
that I can't awake to the sound of drum.
Never let me miss Carnival
with Calypso songs philosophical.

Worte und Melodie: Irving Burgie/Harry Belafonte

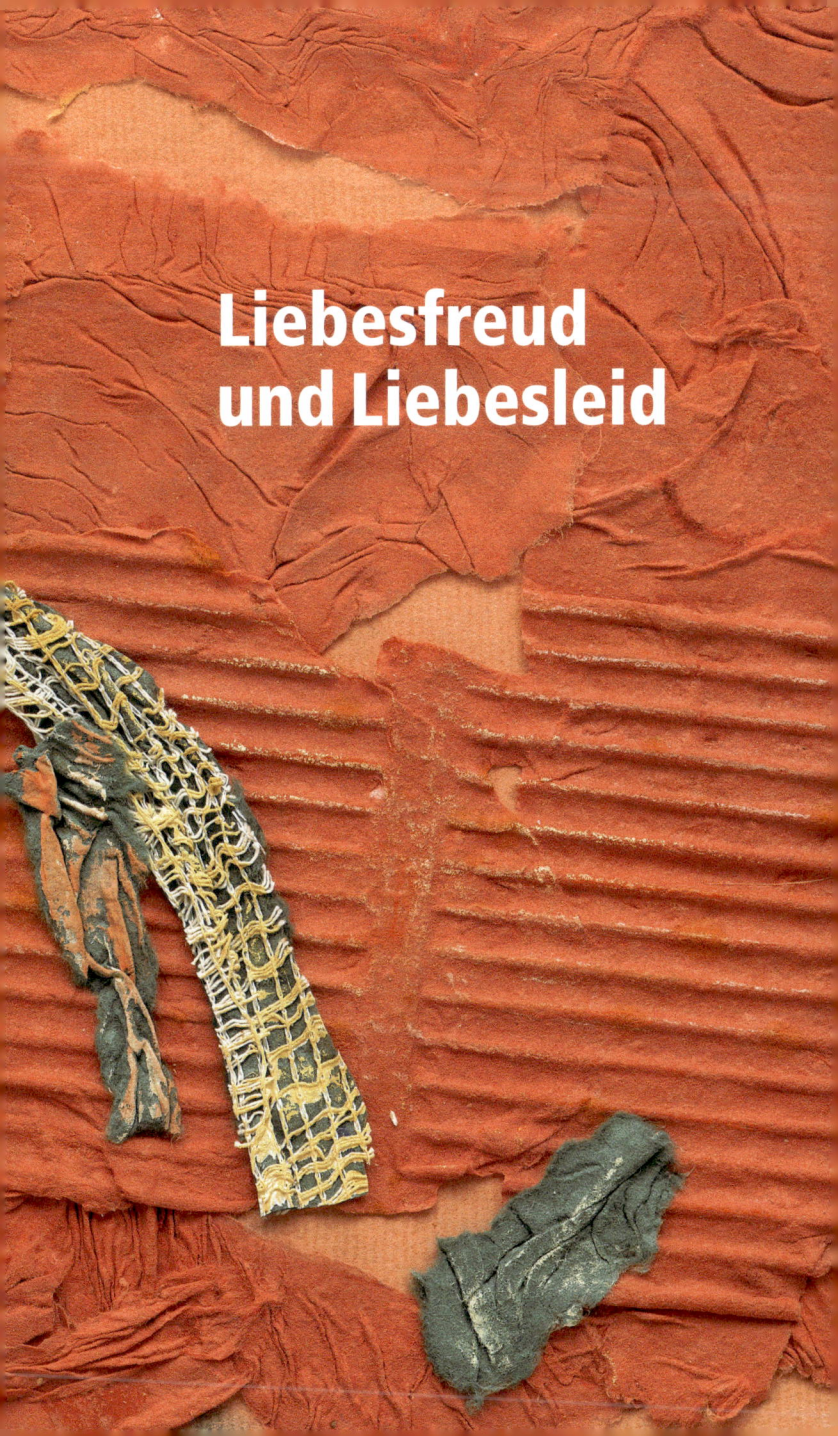

Liebesfreud
und Liebesleid

Kume, kum, geselle min

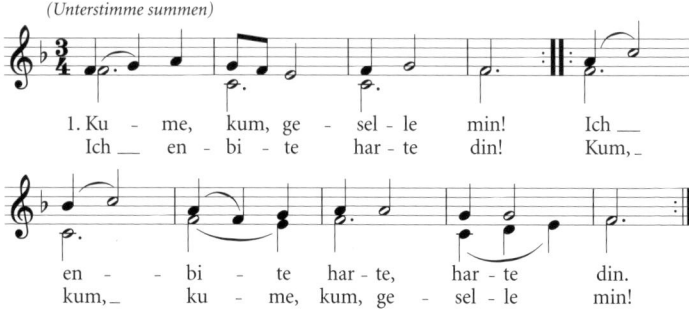

(Unterstimme summen)

1. Ku - me, kum, ge - sel - le min! Ich __
Ich __ en - bi - te har - te din! Kum, _

en - bi - te har - te, har - te din.
kum, _ ku - me, kum, ge - sel - le min!

2. Süßer, rosenvarwer munt, kum und mache mich gesunt! Kum, kum, kum
und mache mich gesunt, süßer, süßer, rosenvarwer munt.

Worte aus einer Handschrift des 13. Jh. · Melodie: Adam de la Hale

All mein Gedanken

1. All mein Ge - dan - ken, die ich hab, die sind _ bei __
Du aus - er - wähl - ter, ein' - ger Trost, bleib stets _ bei __

dir. Du, du, du sollst an mich ge -
mir!

den - ken: Hätt ich al - ler Wünsch Ge - walt, von

dir wollt ich nicht wen - - - - ken.

2. Du auserwählter, ein'ger Trost, gedenk daran: Mein Leib und Gut,
das sollst du ganz zu eigen han! Dein, dein, dein will ich allzeit bleiben:
Du gibst Freud und hohen Mut, kannst all mein Leid vertreiben.

Aus dem Lochamer Liederbuch (um 1460) · Satz: Walter Rein

Wach auf, meins Herzens Schöne

1. Wach auf, meins Herzens Schöne, Herzallerliebste mein! Ich hör ein süß Getöne von kleinen Waldvöglein. Die hör ich so lieblich singen, ich mein, ich seh des Tages Schein vom Orient her dringen.

2. Ich hör die Hahnen krähen und spür den Tag dabei,
   die kühlen Winde wehen, die Sternlein leuchten frei;
   singt uns Frau Nachtigalle, singt uns ein süße Melodei,
   sie meld't den Tag mit Schalle.

3. Der Himmel tut sich färben aus weißer Farb in Blau,
   die Wolken tun sich färben aus schwarzer Farb in Grau;
   die Morgenröt tut herschleichen, wach auf, mein Lieb, und mach mich frei,
   die Nacht will uns entweichen.

* Es wird in jeder Strophe »wach auf« gesungen. In der 2. Stimme entfallen jeweils zwei Textabschnitte.

Worte aus dem 16. Jh. · Melodie: Johann Friedrich Reichardt · Satz: Manfred Grote

Wenn alle Brünnlein fließen

2. Ja, winken mit den Äugelein und treten auf den Fuß; 's ist eine
in der Stube drin, die meine werden muss, 's ist eine in der Stube drin,
(ju,) ja, Stube drin, die meine werden muss.

3. Warum sollt sie's nicht werden, ich hab sie ja so gern. Sie hat zwei
blaue Äugelein, die leuchten wie zwei Stern, sie hat zwei blaue Äugelein,
(ju,) ja, Äugelein, die leuchten wie zwei Stern.

4. Sie hat zwei rote Wängelein, sind röter als der Wein, ein solches Mädel findst du nicht wohl unterm Sonnenschein, ein solches Mädel findst du nicht, (ju,) ja, findst du nicht wohl unterm Sonnenschein.

Aus Schwaben · Satz: Fritz Jöde

Es waren zwei Königskinder ①

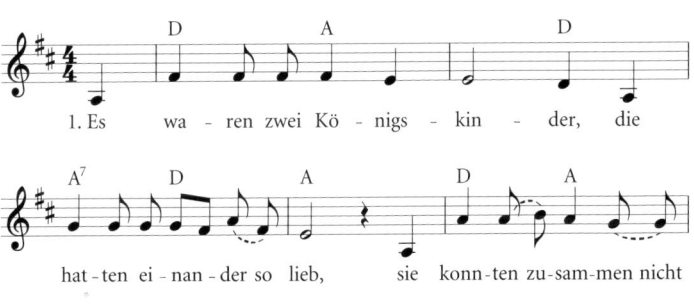

1. Es wa - ren zwei Kö - nigs - kin - der, die

hat - ten ei - nan - der so lieb, sie konn-ten zu-sam-men nicht

kom - - men, das _ Was - ser war viel _ zu _

tief, das Was - ser war viel _ zu _ tief.

2. »O Liebster, kannst du nicht schwimmen? So schwimme doch her zu mir! Drei Kerzen will ich dir anzünden |: und die sollen leuchten dir.« :|

3. Das hört' eine falsche Nonne, die tat, als ob sie schlief. Sie täte die Kerzen ausblasen, |: der Jüngling ertrank so tief. :|

4. Ein Fischer wohl fischte so lange, bis er den Toten fand. »Nun sieh da, du liebliche Jungfrau, |: hast hier deinen Königssohn!« :|

5. Sie nahm ihn in ihre Arme und küsst' ihm den bleichen Mund. Es musst' ihr das Herzlein brechen, |: sie sank in den Tod zur Stund. :|

Fassung aus dem 19. Jh.

Muss i denn zum Städtele hinaus ③

1. Muss i denn, muss i denn zum Städ-te-le hi-naus,
   Wenn i komm, wenn i komm, wenn i wie-der-wie-der-komm,

Städ-te-le hi-naus und du, mein Schatz, bleibst hier.
wie-der-wie-der-komm, kehr i ein, mein Schatz, bei

dir. Kann i glei nit all-weil bei dir sein, han i doch mei

Freud an dir. Wenn i komm, wenn i komm, wenn i wie-der-

wie-der-komm, wie-der-wie-der-komm, kehr i ein, mein Schatz, bei dir.

2. Wie du weinst, wie du weinst, dass i wandere muss, wandere muss,
wie wenn d' Lieb jetzt wär vorbei; sind au drauß, sind au drauß der
Mädele viel, Mädele viel, lieber Schatz, i bleib dir treu. Denk du net,
wenn i ein' andre seh, so sei mei Lieb vorbei; sind au drauß …

3. Übers Jahr, übers Jahr, wenn me Träubele schneid't, Träubele schneid't,
stell i hier mi wiedrum ein; bin i dann, bin i dann dein Schätzele noch,
Schätzele noch, so soll die Hochzeit sein. Übers Jahr, do is mei Zeit vorbei,
do g'hör i mein und dein. Bin i dann …

Aus Schwaben (Strophen 2 und 3: Heinrich Wagner)

Englische Textfassung (einstrophig):

Can't you / see I love you please don't / break my heart in two / that's not
hard to do 'cause I / don't have a wooden / heart. And if / you say goodbye
then I / know that I would cry / maybe I would die 'cause I / don't have a
wooden / heart. There's no / strings upon this / love of mine it was / always
you from the / start. Treat me / nice, treat me good, treat me / like you really
should 'cause / I'm not made of wood and I / don't have a wooden heart.

Sah ein Knab ein Röslein stehn

1. Sah ein Knab ein Rös-lein stehn, Rös-lein auf der Hei-den, war so jung und mor-gen-schön, lief er schnell es nah zu sehn, sah's mit vie-len Freu-den. 1.–3. Rös-lein, Rös-lein, Rös-lein rot, Rös-lein auf der Hei--den.

2. Knabe sprach: »Ich breche dich, Röslein auf der Heiden!«
Röslein sprach: »Ich steche dich, dass du ewig denkst an mich
und ich will's nicht leiden!«

3. Und der wilde Knabe brach's Röslein auf der Heiden;
Röslein wehrte sich und stach, half ihm doch kein Weh und Ach,
musst es eben leiden.

Worte: Johann Wolfgang v. Goethe · Melodie: Heinrich Werner · Bearbeitung: M. G.

Dat du min Leevsten büst

Aus Schleswig-Holstein · Satz: Burkhard Meier

Ade zur guten Nacht

1. A - de zur __ gu - ten __ Nacht! Jetzt wird der __
Schluss ge - macht, dass ich muss schei - den.
Im Som - mer __ wächst der Klee, im Win - ter __
schnei's den Schnee, da komm ich __ wie - - der.

2. Es trauern Berg und Tal, wo wir vieltausendmal sind drübergegangen.
|: Das hat deine Schönheit gemacht, die hat mich zum Lieben gebracht
mit großem Verlangen. :|

3. Das Brünnlein rinnt und rauscht wohl unterm Holderstrauch, wo wir
gesessen. |: So manchen Glockenschlag, da Herz bei Herzen lag, hast du
vergessen? :|

4. Die Mädchen (Jungen) in der Welt sind falscher als das Geld mit ihrem
Lieben. |: Ade zur guten Nacht! Jetzt wird der Schluss gemacht, dass ich
muss scheiden. :|

Aus Franken · Satz: Bernhard Binkowski

Horch, was kommt von draußen rein

1. Horch, was kommt von drau-ßen rein, hol-la-hi,— hol-la-ho, wird wohl mein Feins-lieb-chen sein, hol-la-hi-a-ho? Geht vor-bei und_ schaut nicht rein, hol-la-hi, hol-la-ho,___ wird's wohl nicht ge-we-sen

we - sen sein,   hol - la - hi - a - ho!

sein,   hol-la - hi - a, hol-la-ho, hol-la - ho!

sein,   hol-la - hi - a, hol-la-ho, hol-la - ho!

2. Leute haben's oft gesagt, … was ich für'n Feinsliebchen hab …
   Lass sie reden, schweig fein still, … kann ja lieben, wen ich will …

3. Wenn mein Liebchen Hochzeit hat, … ist für mich ein Trauertag …
   Geh ich in mein Kämmerlein, … trage meinen Schmerz allein …

4. Wenn ich dann gestorben bin, … trägt man mich zum Grabe hin …
   Setzt mir keinen Leichenstein, … pflanzt mir drauf Vergissnichtmein …

Aus Baden · Satz: Paul Kickstatt

Kein Feuer, keine Kohle

1. Kein Feu - er, kei - ne Koh - le kann bren - nen so __ heiß __ als heim - li - che __ Lie - be, von der nie - mand nichts weiß, _____ von der nie - mand nichts weiß.

2. Keine Rose, keine Nelke kann blühen so schön,
   als wenn zwei verliebte Seelen beieinander tun stehn.

3. Setze du mir einen Spiegel ins Herze hinein,
   damit du kannst sehen, wie so treu ich es mein.

Aus Schlesien

Es ist ein Schnee gefallen

1. Es ist ein Schnee ge - fal - len, wann es ist noch nit Zeit.
Ich wollt zu mei-nem Buh - len gan, der Weg ist mir ver - schneit.

2. Mein Haus hat keinen Giebel, es ist mir worden alt.
Zerborsten sind die Riegel, mein Stüblein ist mir kalt.

3. Ach, Lieb, lass dich's erbarmen, dass ich so elend bin
und schließ mich in dein Arme, so fährt der Winter hin.

Aus dem 16. Jh.

Das Lieben bringt groß Freud

1. Das Lie - ben bringt groß Freud, das wis-sen al - le Leut; weiß mir ein schö - nes Schät - ze - lein mit zwei schwarz - brau - nen Äu - ge - lein, das mir, das mir, das mir, das mir mein Herz er - freut.

104

2. Sie hat schwarzbraune Haar, dazu zwei Äuglein klar;
   ihr sanfter Blick, ihr Zuckermund hat mir das Herz im Leib verwundt,
   hat mir, hat mir, hat mir das Herz verwundt.

3. Ein Brieflein schrieb sie mir, ich soll treu bleiben ihr!
   Drauf schick ich ihr ein Sträußelein von Rosmarin und Nägelein,
   sie soll, sie soll, sie soll mein eigen sein.

Aus Schwaben

Tiren gelir (Da kommt der Zug)

Bordun-Begleitung auf G (Takte 1–4) und D (Takte 5–8)

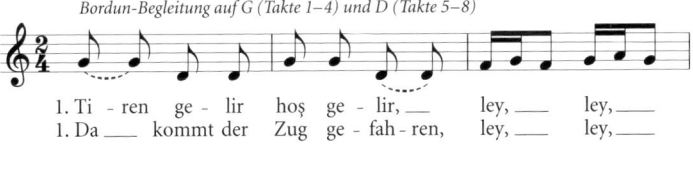

1. Ti - ren ge - lir hoş ge - lir, __ ley, __ ley, __
1. Da __ kommt der Zug ge - fah - ren, ley, __ ley, __

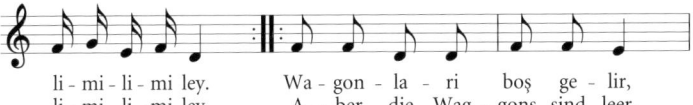

li - mi - li - mi ley. Wa - gon - la - ri boş ge - lir,
li - mi li - mi ley. A - ber die Wag - gons sind leer,

li - mi li - mi gü - zel gel bi - ze.
li - mi li - mi wann kommst du, mein Schatz?

2. Erciyasa kar yağar, ley, ley, limi limi ley.
   Hep altinda güller var, limi limi güzel gel bize.

3. Duydum yar bize gelmiş, ley, ley, limi limi ley.
   Safa gelmiş, hos gelmiş, limi limi güzel gel bize.

2. Auf dem Erciyas liegt Schnee, ley, ley, limi limi ley.
   Drunter wachsen rote Rosen, limi limi wann kommst du, mein Schatz?

3. Wenn mein Schatz endlich kommt, ley, ley, limi limi ley,
   werde ich ihn froh begrüßen, limi limi wann kommst du, mein Schatz?

Aus der Türkei · deutscher Text: Susan Oyat/Irmgard Merkt

Oh, Susanna

1. I __ come from Al - a - bam - a with my ban - jo on my

knee, I'm __ going to Loui - si - an - a, my ____

true love for to see. 1.–6. Oh, Su - san-na, oh don't you cry for

me, I __ come from Al - a - bam-a with my ban-jo on my knee.

2. It rained all night the day I left, the weather it was dry,
   the sun so hot I froze to death, Susanna, don't you cry.

3. I had a dream the other night, when everything was still,
   I thought I saw Susanna dear a-coming down the hill.

4. The buckwheat cake was in her mouth, the tear was in her eye,
   I said, "I'm coming from the south, Susanna, don't you cry!"

5. I soon will be in New Orleans, and then I'll look around,
   and when I find Susanna, I'll fall upon the ground.

6. But if I do not find her then, I'm surely bound to die,
   and when I'm dead and buried, Susanna, don't you cry.

Worte und Melodie: Stephen Collins Foster

Greensleeves ①

1. A - las my love ___ you do me wrong ___ to cast me off ___ dis - cour - teous - ly; and I have lov - ed you so long; ___ de - light - ing in ___ your com - pa - ny.

1.–4. Green - sleeves was all my joy, ___ Green - sleeves was my de - light. Green - sleeves was my heart of gold, ___ and who but my la - - dy Green - sleeves.

2. If you intend thus to disdain, it does the more enrapture me,
   and even so, I still remain a lover in captivity.

3. Alas, my love, that you should own a heart of wanton vanity,
   so must I meditate alone upon your insincerity.

4. Ah, Greensleeves, now farewell, adieu, to God I pray to prosper thee,
   for I am still thy lover true, come once again and love me!

Aus England

Drei junge Trommler

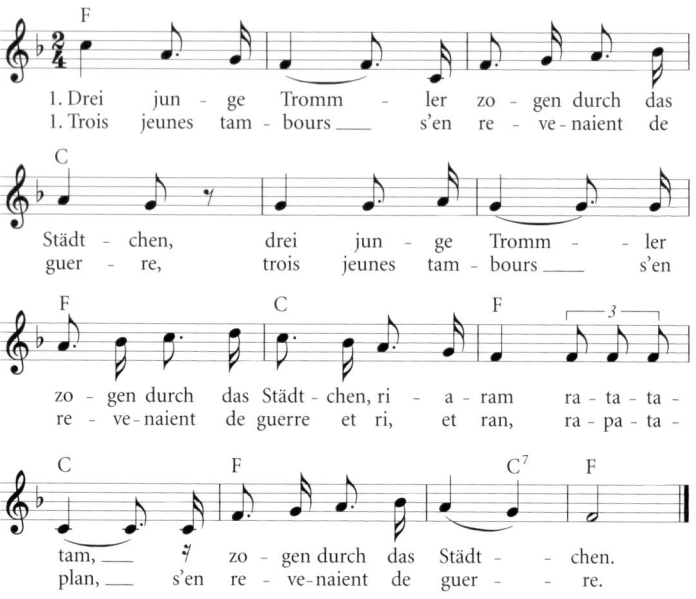

1. Drei jun - ge Tromm - ler zo - gen durch das
1. Trois jeunes tam - bours ___ s'en re - ve - naient de

Städt - chen, drei jun - ge Tromm - - ler
guer - - re, trois jeunes tam - bours ___ s'en

zo - gen durch das Städt - chen, ri - a - ram ra - ta - ta -
re - ve - naient de guerre et ri, et ran, ra - pa - ta -

tam, ___ zo - gen durch das Städt - - chen.
plan, ___ s'en re - ve - naient de guer - - re.

2. Der jüngste trug im Munde eine Rose.

3. Des Königs Tochter schaut' aus ihrem Fenster.

4. »Junger Tambour, ach, schenk mir deine Rose!«

5. »Ich schenk sie Euch, schenkt Ihr mir Euer Herze.«

6. »Junger Tambour, so fragt doch meinen Vater!«

7. »König und Herr, ach, gebt mir Eure Tochter!«

8. »Junger Tambour, was hast du denn zu bieten?«

9. »Drei stolze Schiffe nenne ich mein Eigen.«

10. »Eins ist voll Gold, das andere voll Silber.«

11. »Im dritten Schiff fahr ich mein Lieb spazieren.«

12. »Junger Tambour, kannst meine Tochter haben!«

13. »König und Herr, ich danke und verzichte!«

14. »Bei uns zu Haus, da gibt's viel schönre Mädchen!«

2. Le plus jeune a dans sa bouche une rose.

3. La fille du roi était à sa fenêtre.

4. «Joli tambour, donnez-moi votre rose.»

5. «Fille du roi, donnez-moi votre cœur.»

6. «Joli tambour, d'mandez-le à mon père.»

7. «Sire le roi, donnez-moi votre fille.»
8. «Joli tambour, tu n'es pas assez riche.»
9. «Sire le roi, je suis fils d'Angleterre.
10. J'ai trois vaisseaux dessus la mer jolie.
11. L'un chargé d'or, l'autre d'argenterie.
12. Et le troisièm' pour promener ma mie.»
13. «Joli tambour, tu auras donc ma fille.»
14. «Sire le roi, je vous en remercie.
15. Dans mon pays, y en a de plus jolies.»

Aus Frankreich • deutsche Textfassung: Frank Lutter/Rüdiger Sell/Andreas Unterumsberger

To i hola

1. Um das Haus rings-um-her rei-ten schmu-cke Rei-ter. Weil ich arm a-ber bin, rei-ten al-le wei-ter. 1.–4. To i ho-la, ho-la, la, la, to i ho-la, ho-la, la! la!

2. Bin ich arm, ohne Geld, nehm ich doch nicht jeden.
   Will er mich, muss er erst mit der Mutter reden.

3. Sagt man mir, ich sei stolz, ist das glatt gelogen.
   Hat mich doch Mütterchen ordentlich erzogen.

4. Mägdelein, blond und fein, du kannst mir gefallen.
   Wähle dich gleich für mich von den Mädchen allen.

Aus Polen · Nachdichtung: Marianne Graefe

Tancuj ①

1. »Tan - cuj, tan - cuj, dreh dich schön, dreh dich schön.
A - ber lass den O - fen stehn, O - fen stehn.
Denn er wärmt im Win - ter nett, Win - ter nett.
Wer hat schon ein Fe - der - bett, Fe - der - bett?«

1.–3. Tral - la - la - la, tral - la - la - la, tral - la -

(Nur bei Wiederholung)

1.–3. Tral - la - la, tral - la - la,

1. la - la - la - la - la, la - la - la.
tral - la -

2. la - la - la - la.
la - la - la - la.

2. »Ich geb der Zigeunerin, -geunerin meine schönsten Hemden hin,
Hemden hin. Denn ich wünsch mir allzu sehr, allzu sehr einen jungen
Burschen her, Burschen her!«

3. »Gleich fang ich zu zaubern an, zaubern an, gibst du noch fünf
Groschen dran, Groschen dran, zaubre einen Burschen fein, Burschen
fein, er wird wie aus Blüten sein, Blüten sein.«

Aus Tschechien · Nachdichtung: Günter Olias · Satz: Siegfried Stolte

Katjuscha ③

1. Leuch - tend prang - ten rings - um Ap - fel - blü - ten,
still vom Fluss zog Ne - bel noch ins Land;
ju - scha. __
durch die Wie - sen kam hur - tig Kat - ju - scha
zu des __ Flus - ses __ stei - ler U - fer - wand.

2. Und es schwang ein Lied aus frohem Herzen jubelnd, jauchzend sich
empor zum Licht, weil der Liebste ein Brieflein geschrieben, das von
Heimkehr und von Liebe spricht.

3. Oh, du kleines Lied von Glück und Freude, mit der Sonne Strahlen eile
fort. Bring dem Freunde geschwinde die Antwort, von Katjuscha Gruß
und Liebeswort!

4. Er soll liebend ihrer stets gedenken, ihrer zarten Stimme Silberklang.
Weil er innig der Heimat ergeben, bleibt Katjuschas Liebe ihm zum Dank.

5. Leuchtend prangten ringsum Apfelblüten; still vom Fluss zog Nebel noch
ins Land. Fröhlich singend ging heimwärts Katjuscha – einsam träumt der
sonnenhelle Strand.

Aus Russland · Worte: Michail Issakowski · Nachdichtung: Alexander Ott ·
Musik: Matwej I. Blanter

My Bonny is over the ocean

1. My Bon - ny is o - ver the o - cean, my Bon - ny is o - ver the sea, my Bon - ny is o - ver the o - cean, o bring back my Bon - ny to me! Bring back, bring back, o bring back my Bon - ny to me, to me; bring back, bring back, o bring back my Bon - ny to me!

2. Last night as I lay on my pillow, last night as I lay on my bed,
   last night as I lay on my pillow, I dreamed that my Bonny was dead.
   Bring back …

3. The winds have blown over the ocean, the winds have blown over the sea,
   the winds have blown over the ocean and brought back my Bonny to me.
   Brought back …

Aus England

112

Careless love

1. Love, oh love, oh care‑less love, _____ love, oh love, oh care‑less love, _____ oh it's love, oh love, oh care ‑ less love, you ____ see what care‑less love has done. _____

2. Once I wore my apron low,
   once I wore my apron low,
   oh it's once I wore my apron low,
   you'd follow me through rain and snow.

3. Now I wear my apron high,
   now I wear my apron high,
   oh it's now I wear my apron high,
   you'll see my door and pass it by.

4. I cried last night and the night before,
   I cried last night and the night before,
   oh I cried last night and the night before,
   going to cry tonight and to cry no more.

5. Love, oh love, oh careless love,
   love, oh love, oh careless love,
   oh it's love, oh love, oh careless love,
   you see what careless love has done.

Aus den USA

Scarborough fair ④

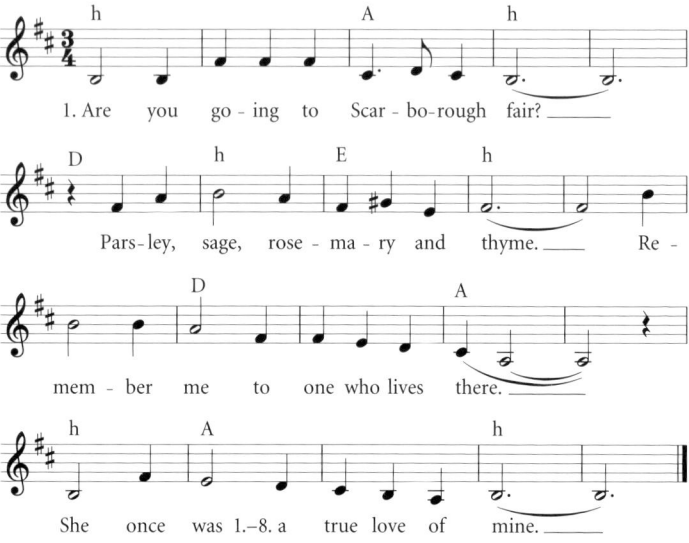

1. Are you go-ing to Scar-bo-rough fair? _____
Pars-ley, sage, rose-ma-ry and thyme. _____ Re-
mem-ber me to one who lives there. _____
She once was 1.–8. a true love of mine. _____

2. Tell her to make me a cambric shirt, parsley, sage, rosemary and thyme; without any seam or fine needlework, and then she'll be …

3. Tell her to wash it yonder dry well, parsley, sage, rosemary and thyme; where water ne'er sprung, nor drop of rain fell and then she'll be …

4. Tell her to dry it on yonder thorn, parsley, sage, rosemary and thyme; which never bore blossom since Adam was born, and then she'll be …

5. Will you find me an acre of land, parsley, sage, rosemary and thyme; between the sea foam and the sea sand, or never be …

6. Will you plough it with a lamb's horn, parsley, sage, rosemary and thyme; and sow it all over with one peppercorn, or never be …

7. Will you reap it with sickle of leather, parsley, sage, rosemary and thyme; and tie it all up with a peacock's feather, or never be …

8. And when you have done and finished your work, parsley, sage, rosemary and thyme; then come to me for your cambric shirt, and you shall be …

Aus England

Song, sung blue ④

1. Song, sung blue ever-y-bod-y knows one,
2. Song, sung blue weep-ing like a wil-low,

song, sung, blue ever-y gar-den grows one.
song, sung blue sleep-ing on my pil-low.

Me and you __ are sub-ject to __ the
Fun-ny thing __ but you can sing __ it with a

blues now and then. __ But when you take the
cry in your voice. __ And be-fore you know it

blues and make a song __ you sing them out a-gain,
start to feel-ing good __ you sim-ply got no choice,

sing them out a-gain.
sim-ply got no choice. Song, sung blue.

Worte und Melodie: Neil Diamond

Aux Champs-Elysées ②

1. Je m'ba-la - dais sur l'a-ve - nue la cœur ou - vert à
   n'im-por-te qui _ et ce fut toi, _____ je t'ai dit n'im-
1. Ich ging al - lein durch die - se Stadt, die al - ler - hand zu
   Ich ging mit dir _ in ein Ca - fé, _ wo ich er - fuhr, du

l'in - con - nu. _ J'a - vais en - vie de dire bon - jour a
por - te quoi, il suf - fi - sait de le par - ler, pour
bie - ten hat, _ da sah ich dich vo - rü - ber - gehn und
heißt Re - née. _ Wenn ich an die - se Stun - den den - ke,

n'im - por - te qui t'ap - pri - voi - ser. 1.–3. Aux Champs-E - ly - sées,
sag - te Bon - jour! sin - ge ich nur: 1.–3. Oh, Champs-E - ly - sées,

aux Champs - E - ly - sées _ au so - leil, sous la pluie
oh, Champs - E - ly - sées. _ Son - ne scheint, Re - gen rinnt,

à mi - di _ ou à mi - nuit il y a tous que
ganz e - gal, _ wir bei - de sind so froh, wenn wir uns

vous vou - lez _ aux Champs - E - ly - sées. _
wie - der sehn: Oh, Champs - E - ly - sées! _

116

2. Tu m'as dit «Jai rendez-vous dans un sous-sol avec des fous, qui vivent la guitare à la main, du soir au matin.» Alors je t'ai accompagnée, on a chanté, on a dansé et l'on n'a même pas pensé à s'embrasser.

3. Hier soir deux inconnus et ce matin sur l'avenue, deux amoureux tout étourdis par la longue nuit et de l'Etoile à la Concorde, un orchestre à mille cordes, tous les oiseaux du pont du jour, chantent l'amour.

2. Wie wunderschön der Abend war da drüben in der kleinen Bar; wo Joe auf der Gitarre spielte nur für uns zwei! Da habe ich die ganze Nacht mit dir getanzt, mit dir gelacht. Und als wir wieder gingen, war es zehn nach drei!

3. Wir kennen uns seit gestern erst, doch wenn du nun nach Hause fährst, dann sagen zwei Verliebte leise »Au revoir!« Von la Concorde bis Etoile erklingt Musik von überall. Ja, das ist eine Liebe, die hält hundert Jahr.

Worte und Melodie: Mike Wilsh/Mike Deighan/Pierre Delanoé · deutscher Text: Hans Bradke

Plaisir d'amour (The joys of love)

Englischer Text:

1. The joys of love are but a moment long,
   the pain of love endures the whole life.

2. Your eyes kissed mine, I saw the love in them shine,
   you brought me heaven right then when your eyes kissed mine.

3. My love loves me, and all the wonders I see,
   a rainbow shines in my window, my love loves me.

4. And now he's gone, like a dream that fades into dawn,
   but the words stay locked in my heartstrings, "My love loves me."

Aus Frankreich · Worte: J. P. Florian · englischer Text: Joan Baez · Melodie: J. P. E. Martini

Ich lieb dich mehr und mehr ①

1. u. 2. Ich lieb dich mehr und mehr und doch fällt es mir schwer, dir
al-les das zu sa-gen, was ich will. Viel-leicht siehst du es ein, es
kann nicht al-les sein, da-rum werd ich manch-mal auch ganz still.
Ach, glaub es mir, ich kann nichts da-für. 1. Ich seh dich oft nur
ein paar Stun-den und die ver-gehn mir schnel-ler als ein
Tag. Und doch er-sehn ich die Se-kun-den,
ach, bit-te glaub, es ist so, wie ich sag.

nach Strophe 2 da capo al fine

2. Ich kann es selber kaum beschreiben
und viel geht mir dann immer durch den Sinn.
Ich würde gern für immer bleiben,
du weißt, warum ich dann so traurig bin.

Worte: Fred Gertz · Melodie: Thomas Natschinski

118

Ohne dich ②

1. Ich will mich nicht ver-än-dern um dir zu im-po-niern und
Ich will nichts ga-ran-tie-ren, was ich nicht hal-ten kann, will

nicht den gan-zen A-bend Prob-le-me dis-ku-tiern, a-ber
mit dir was er-le-ben, bes-ser gleich als ir-gend-wann, und ich

ei-nes geb ich zu: ___ Das, was ich will, bist du!
ge-be of-fen zu: ___ Das, was ich will, bist du!

1. u. 2. (du!) Oh-ne dich schlaf ich heut Nacht nicht ein, oh-ne dich fahr ich

___ heut Nacht nicht heim, oh-ne dich komm ich heut nicht zur Ruh. ___

___ Das, was ich will, bist du! ___

2. Ich will nicht alles sagen und möcht so viel erklärn
und nicht mit so viel Fragen den Augenblick zerstörn,
aber eines geb ich zu: Das, was ich will, bist du!
Ich will auch nichts erzähln, was dich eh nicht interessiert,
will mit dir was erleben, was uns beide fasziniert,
und ich gebe offen zu: Das, was ich will, bist du!

Worte: Stefan Zauner/Aron Strobel/Michael Kunze/Mario Killer (Gruppe »Münchner
Freiheit«) · Melodie: Stefan Zauner/Aron Strobel

Matilda ②

1.–3. Ma - til - da,_____ Ma - til - da,_____
1.–3. Ma - thil - da,_____ Ma - thil - da,_____

Ma - til - da, she take me mon - ey and run Ven - e - zue - la.
Ma - thil - da, du nahmst mein Geld und gingst nach Ven - e - zue - la.

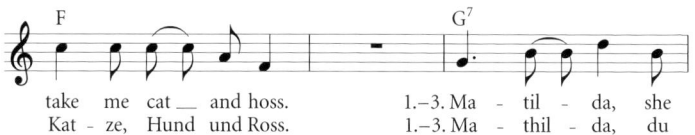

1. Five hun - dred dol - lars, friend I lost, wom - an e - ven
1. Fünf - hun - dert Dol - lars war ich los und ver - kauf - te

take me cat __ and hoss. 1.–3. Ma - til - da, she
Kat - ze, Hund und Ross. 1.–3. Ma - thil - da, du

take me mon - ey and run Ven - e - zue - la.
nahmst mein Geld und gingst nach Ven - e - zue - la.

2. Well de money was just inside me bed.
   Stuck up in the pillow beneath me head.

3. Wee, me friends never to love again.
   All me money gone in vain.

2. Ach, was war ich doch für ein Tropf,
   ich steckte das Geld ins Kissen unterm Kopf.

3. Nun, Freunde, mit der Lieb' ist's aus,
   mein Geld ist nun aus dem Haus.

Aus Trinidad · Worte und Melodie: Norman Span · deutscher Text: Monika Pietsch

Come back Liza

1. Ev - 'ry time I'm a - way from Li - za, wa - ter come to my eye. Ev - 'ry time I'm a - way from Li - za, wa - ter come to my eye. 1.–4. Come back Li - za, come back girl,— wipe the tears from my eye, come back Li - za, come back girl, wipe the tears from my eye.

2. I remember when love was new,
   water come to my eye.
   There was one but now there is two,
   water come to my eye.

3. When the evening start to fall,
   water come to my eye.
   I need to hear me Liza come,
   water come to my eye.

4. Standing there in the marketplace,
   water come to my eye.
   I need to feel the woman breath,
   water come to my eye.

Aus Jamaika

Liebeskummer lohnt sich nicht ④

1.–3. Lie - bes - kum - mer lohnt sich nicht, my dar - ling! _____

Scha - de um die Trä - nen in der Nacht! _____

Lie - bes - kum - mer lohnt sich nicht, my dar - ling! _____ Weil schon

mor - gen dein Herz da - rü - ber lacht. _____ 1. Im

Hof, da spiel - te sie ___ mit Joe von vis - a - vis, ___ doch

dann zog er in ei - ne and - re Stadt. _____

___ Wie hat sie da ge - weint ___ um

ih - ren bes - ten Freund! Da gab ihr die Ma -

Refrain nach Strophe 3 ✛ - ✛

ma den gu - ten Rat: lacht, _____

___ weil schon mor - gen dein Herz da - rü - ber lacht.

122

2. Mit achtzehn traf sie Jim, sie träumte nur von ihm.
   Zum ersten Mal verliebt, das war so schön.
   Doch Jim, der war nicht treu und alles war vorbei.
   Da konnte sie es lange nicht verstehn.

3. Bis dann der eine kam, der in den Arm sie nahm.
   Nun gehn sie durch ein Leben voller Glück.
   Und gibt's von Zeit zu Zeit mal einen kleinen Streit,
   dann denkt sie an das alte Lied zurück:

Worte: Georg Buschor · Melodie: Christian Bruhn

Sieben Himmel

Von der Lie - be, ach, was wär da _ wohl noch groß zu
Ob sie ehr - lich, ob sie stür - misch, ob sie sanft, ob

sin - gen, so viel Lie - der hab ich schon ge -
an - ders klin - gen, ei - ner weiß nicht, ei - ner schwört es,

1.
hört und kei - nes stimmt.

2.
und das Gu - te folgt be - stimmt. _

Sie - ben Him - mel, _ hör ich, gibt _
Sie - ben Him - mel, _ hör ich, gibt _

es, _ fragt sich, wo _ sie sind!
es, _ sag mir, wo _ sie sind!

Worte: Stefan Elßner • Melodie: Andreas Borchert

Hey Jude ③

1. Hey Jude, don't make it bad, take a sad song and make it
2. Hey Jude, don't be a-fraid, you were made to go out and
3. Hey Jude, don't let me down, you have found her, now go and

bet - - ter. Re - mem-ber to let her in - to your
get her. ___ The min - ute you let her un - der your
get her. ___ Re - mem-ber to let her in - to your

(Wiederholung nur nach Strophe 1)

heart, then you can start ___ to make it ___ bet - ter.
skin, then you be - gin ___ to make it ___ bet - ter.
heart, then you can start ___ to make it ___ bet - ter.

(zu 1.) And an - y time you feel the pain, ___ hey Jude, re - frain, ___
For well you know that it's a fool ___ who plays it cool ___
(zu 2.) So let it out and let it in, ___ hey Jude, be - gin ___
And don't you know that it's just you, ___ hey Jude, you'll do ___

(zu 1.) ___ don't car - ry the world up - on your shoul - ders.
___ by mak - ing his world a lit - tle col -
(zu 2.) ___ you're wait - ing for some - one to per - form ___ with.
___ the move - ment you need is on your shoul -

(zu 2. u. 3.) - der. ___ Da da da da da da da da da.

Coda

Da da da da da da da da da da da, hey Jude. Jude.

Worte und Melodie: John Lennon/Paul McCartney

124

Lady in black ④

1. She came to me one morn-ing, one lone-ly Sun-day
   I know not how she found me, for in dark-ness I was

morn-ing, her long ____ hair flow-ing in the mid-
walk-ing, and de-struc-tion lay a-round me from a fight I

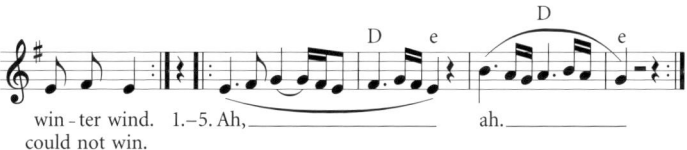

win-ter wind. 1.–5. Ah, _____ ah. _____
could not win.

2. She asked me name my foe then. I said the need within some men
   to fight and kill their brothers without thought of love or God.
   And I begged her give me horses to trample down my enemy
   so eager was my passion to be yours this way of life.

3. But she would not think of battle that reduces men to animals
   so easy to begin and yet impossible to end.
   For she the mother of all men did counsel me so wisely then,
   I feared to walk alone again and asked if she would stay.

4. Oh lady, lend your hand, I cried or let me rest here at your side,
   have faith and trust in me, she said and filled my heart with life.
   There is no strength in numbers, have no such misconception,
   but when you need me be assured I won't be far away.

5. Thus having spoke' she turned away and tho' I found no words to say,
   I stood and watched until I saw her black cloak disappear.
   My labour is no easier, but now I know I'm not alone,
   I find new heart each time I think upon that windy day.
   And if one day she comes to drink deeply from her words so wise,
   take courage from her as your prize and say hello for me.

Worte und Melodie: Ken Hensley

True love (Deine Liebe) ④

Sun - tanned, wind - blown, hon - ey - moon - ers at
La - chen, Wei - nen oft so dicht bei - ei -

last a - lone, feel - ing far a - bove par.
nan - der sind! Ist der Him - mel auch grau,

Oh, how luck - y we are. _____ While I give to
du _____ weißt doch ge - nau: _____ ‌ Ich ha - be

you and you give to me true love, true
nur auf der Welt al - lein dei - ne Lie -

love. So, on and on it will al - ways be,
be. Sie ist für mich wie der Son - nen - schein,

true love, true love. For you and
dei - ne Lie - be. Und wenn wir

I have a guard - ian an - gel on high with
uns ein - mal tren - nen müs - sen, dann weiß ich

noth - ing to do. _____ But to give to you and to
nicht, was ich tu. _____ Denn ich hab nur dich auf der

126

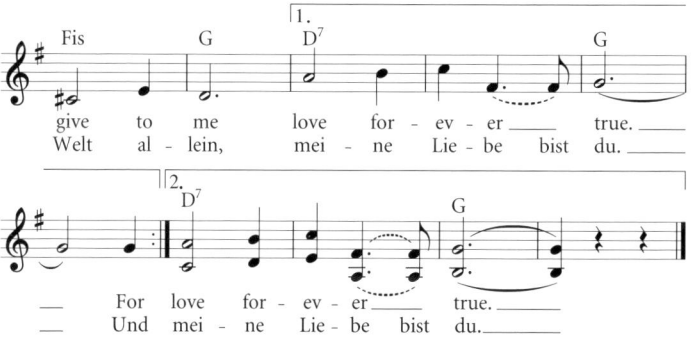

give to me love for - ev - er _____ true. _____
Welt al - lein, mei - ne Lie - be bist du. _____

For love for - ev - er_____ true._____
Und mei - ne Lie - be bist du._____

Worte und Melodie: Cole Porter · deutscher Text: Glando

Love me tender ③

1. Love me ten-der, love me sweet, nev-er let me go.

You have made my life com-plete, and I love you so. 1.–4. Love me

ten-der, love me true, all my dreams ful-fill. For my dar-lin'

I love you, and I al-ways will. and I al-ways will.

2. Love me tender, love me long, take me to your heart.
   For it's there that I belong, and we'll never part.

3. Love me tender, love me dear, tell me you are mine.
   I'll be yours through all the years, till the end of time.

4. When at last my dreams come true, darling, this I know:
   Happiness will follow you everywhere you go.

Worte und Melodie (nach einem amerikanischen Folksong): Elvis Presley/Vera Matson

Miteinander

Kein schöner Land

1. Kein schö - ner Land in die - ser Zeit als hier das uns - re weit und breit, wo wir uns fin - den wohl un - ter Lin - den zur A - bend - zeit, wo wir uns fin - den wohl un - ter Lin - den zur A - bend - zeit.

rit. - - - - - - - - -

2. Da haben wir so manche Stund gesessen all in froher Rund
|: und taten singen, die Lieder klingen im Eichengrund. :|

3. Dass wir uns hier in diesem Tal noch treffen so viel hundertmal:
   |: Gott mag es schenken, Gott mag es lenken, er hat die Gnad. :|

4. Jetzt, Brüder, eine gute Nacht, der Herr im hohen Himmel wacht,
   |: in seiner Güte uns zu behüten ist er bedacht. :|

Worte und Melodie: Wilhelm von Zuccalmaglio · Satz: Manfred Grote

Wer möchte nicht im Leben bleiben ①

2. Wer möchte nicht im Leben bleiben, den Mensch' und Tieren zugesellt.
   |: Wer ließe sich denn gern vertreiben von dieser reichen, bunten Welt. :|

3. O lasset uns im Leben bleiben, weil jeden Tag ein Tag beginnt.
   |: O wollt sie nicht zu früh vertreiben, alle, die lebendig sind. :|

Worte: Wera Küchenmeister · Melodie: Kurt Schwaen

131

Das Lied der Deutschen

3. Einigkeit und Recht und Freiheit
für das deutsche Vaterland!

Danach lasst uns alle streben
brüderlich mit Herz und Hand!

Einigkeit und Recht und Freiheit
sind des Glückes Unterpfand.

Blüh im Glanze dieses Glückes,
blühe, deutsches Vaterland!

Worte: August Heinrich Hoffmann von Fallersleben · Melodie: Joseph Haydn

Freude, schöner Götterfunken

1. Freu - de, schö - ner Göt - ter - fun - ken, Toch - ter aus E -
wir be - tre - ten feu - er - trun - ken, Himm - li - sche, dein

ly - si - um, Hei - lig - tum! Dei - ne Zau - ber bin - den wie - der,

was die _ Mo - de streng ge - teilt. Al - le Men - schen

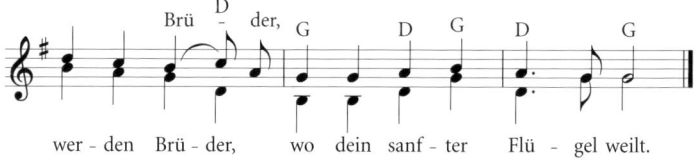

wer - den Brü - der, wo dein sanf - ter Flü - gel weilt.

2. Wem der große Wurf gelungen, eines Freundes Freund zu sein,
wer ein holdes Weib errungen, mische seinen Jubel ein!
Ja, wer auch nur eine Seele sein nennt auf dem Erdenrund!
Und wer's nie gekonnt, der stehle weinend sich aus diesem Bund!

3. Freude heißt die starke Feder in der ewigen Natur.
Freude, Freude treibt die Räder in der großen Weltenuhr.
Blumen lockt sie aus den Keimen, Sonnen aus dem Firmament,
Sphären rollt sie in den Räumen, die des Sehers Rohr nicht kennt.

Worte: Friedrich Schiller · Melodie: Ludwig van Beethoven

Zogen einst fünf wilde Schwäne ③

1. Zo - gen einst _ fünf wil - de Schwä - ne,
Schwä - ne, leuch - tend weiß und schön.
Sing, sing, was ge-schah? Kei-ner ward mehr ge - sehn, ja.
Sing, sing, was ge-schah?
Sing, sing, was ge-schah? Kei-ner ward mehr ge-sehn.
Kei-ner ward mehr ge - sehn, ja. 1.–4. Sing, sing, sing!

2. |: Wuchsen einst fünf junge Birken grün und frisch am Bachesrand. :|
   Sing, sing, was geschah? Keine in Blüten stand, ja.
   Sing, sing, was geschah? Keine in Blüten stand.

3. |: Zogen einst fünf junge Burschen stolz und kühn zum Kampf hinaus. :|
   Sing, sing, was geschah? Keiner kehrt mehr nach Haus, ja.
   Sing, sing, was geschah? Keiner kehrt mehr nach Haus.

4. |: Wuchsen einst fünf junge Mädchen schlank und schön am
   Memelstrand. :|
   Sing, sing, was geschah? Keines den Brautkranz wand, ja.
   Sing, sing, was geschah? Keines den Brautkranz wand.

Aus Litauen · Textfassung: Karl Plenzat · Satz: Günter Olias

Es geht ein dunkle Wolk herein

1. Es geht ein dunk – le Wolk he – rein.

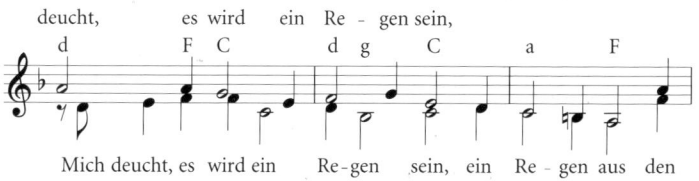

Mich deucht, es wird ein Re – gen sein, ein Re – gen aus den

Wol – ken wohl in das grü – ne Gras.

2. Und scheinst du, liebe Sonn, nit bald, so weset alls im grünen Wald
   und all die müden Blumen, die haben müden Tod.

3. Es geht ein dunkle Wolk herein, es soll und muss geschieden sein!
   Ade, Feinslieb, dein Scheiden macht mir das Herze schwer.

Worte (1. Strophe) und Melodie aus Johann Werlins Liederhandschrift (1646),
2. und 3. Strophe um 1908 · Satz: Manfred Grote

Kranichlied

1. In Japan steht ein Denk - mal, das trägt in bun - ter Zier viel - tau - send Kra - nich - vö - gel, ge - fal - tet aus Pa - pier; viel - tau - send Kra - nich - vö - gel, ge - fal - tet aus Pa - pier.

2. Die schicken Japans Kinder aus allen Orten her
den Kindern Hiroshimas, die weckt kein Vogel mehr.

3. Und jedes Kind legt leise in seinen Kranichkranz
noch seine größte Bitte: Lasst uns're Erde ganz!

4. Fliegt hin, ihr Kranichvögel, helft, dass in aller Welt
die Menschen Frieden haben und dass er immer hält!

Worte: Helga Glöckner-Neubert · Musik: Gottfried Glöckner

Die Flüsse, sie fließen

Kanon für 4 Stimmen

Die Flüs - se, sie flie - ßen, flie - ßen und flie - ßen, die Flüs - se, sie flie - ßen al - le ins

Meer. Mut – ter Er – de sorgt für mich,

Mut – ter Er – de sorgt für dich, Mut – ter Er – de

sorgt für uns, wir sind ih – re Kin – der.

Worte: Unmada (M. Kindel)/Gerd Müller · Indianerweise

Nach dieser Erde (By the waters of Babylon)

Kanon für 3 Stimmen

Nach die-ser Er – de wä – re da kei – ne, die ei – nes Men-schen
By_____ the wa – – ters, the wa – – ters of

Woh – nung wär'. Des – halb, Men-schen: Ach – tet und
Ba – by – lon, we lay down and web – bed and

ach – tet, dass sie es bleibt! Wem denn wä – re
web – bed for thee Zi – on, we re-mem – ber,

sie ein Denk – mal, wenn sie still die Sonn' um – treibt?
we re – mem – ber, we re – mem – ber thee Zi – on.

Deutscher Text: Gerd Kern · englischer Text: Bibel, Psalm 137,1 ·
Musik: Don McLean nach einem Kanon von Philip Hayes (18. Jh.)

Miteinander

1. Der Mensch kann man - che Sa - chen ganz für sich sel - ber
Nur bringt das nicht die rei - ne Er - fül - lung so al -

ma - chen. Laut la - chen o - der sin - gen, kreuz -
lei - ne. Es wird gleich a - mü - san - ter, be -

weis im Tan - ze sprin - gen.
treibt man's mit - ei - nan - der.

1.–4. O - li - o - li - o - la! Wir sind mit - ei - nan - der
O - li - o - li - o - la! Mit - ei - nan - der geht es

da, zu - sam - men und ge - mein - sam, nicht
ja. Wenn wir zu - sam - men kom - men, kom-m'n

ein - sam und al - lein - sam.
wir der Sa - che nah.

2. Zu manchen Tätigkeiten bedarf es eines Zweiten:
so etwa zum Begleiten, zum Tratschen und zum Streiten.
Auch das Zusammen-Singen soll zweisam besser klingen.
Erst recht in Liebesdingen lässt sich zu zweit mehr bringen.

3. Sodann das Fußballspielen geht immer nur mit vielen –
wie auch das Volksfest-Feiern (und das nicht nur in Bayern).
Auch Demonstrationen, wenn sie den Aufwand lohnen,
erfordern eine Menge an menschlichem Gedränge.

4. Im wesentlichsten Falle, da brauchen wir uns alle
auf diesem Erdenballe, damit er nicht zerknalle.
Schiebt alle Streitigkeiten für eine Weil auf Seiten
und lasst uns drüber streiten dereinst in Friedenszeiten.

Aus Italien · Worte: Dieter Süverkrüp

So mancher Baum

So man-cher Baum in uns-rer Stadt hat

sei - ne Zeit auf Er - den satt, die Luft ist voll Mo-to - ren-mief und

kei - ne Wur - zel reicht so tief, dass sie aus hel - len Was-sern trinkt, ein

Baum, der uns doch Freu-de bringt, wir brau-chen ihn mit je-dem Blatt, es

braucht ihn ei - ne gan - ze Stadt, er soll nur im - mer ge - ben, doch

wo-von soll er le - ben, doch wo-von soll er le - ben?

Worte: Monika Ehrhardt · Melodie: Reinhard Lakomy

Puff, the magic dragon (Paff, der Zauberdrachen) ②

1. Puff, the ma - gic drag - on lived by the
   Lit - tle Ja - cky Pa - per loved that rascal

sea and frol - icked in the au - tumn mist in a
Puff and brought him strings and seal - ing wax and an -

land called Ho - na - lee. oth - er fan - cy stuff. 1.–4. Oh,

Puff, the ma - gic drag - on lived by the

sea and frol - icked in the au - tumn mist in a

land called Ho - na - lee. land called Ho - na - lee.

2. Together they would travel on a boat with billowed sails,
   Jacky kept a lookout perched on Puff's gigantic tail,
   noble kings and princes would bow when'er they came,
   pirate ships would low'r their flag when Puff roared out his name.

3. A dragon lives forever but not so little boys,
   painted wings and giant rings make way for other toys.
   One grey night it happened. Jacky Paper came no more,
   and Puff that mighty dragon, he ceased his fearless roar.

4. His head was bent in sorrow, green scales fell like rain.
   Puff no longer want to play along that cherry lane.
   Without his life-long friend, Puff could not be brave.
   So Puff that mighty dragon, sadly slipped into his cave.

1. Paff, der Zauberdrachen, lebte am Meer
   auf einem Inselparadies, doch das ist schon lange her!
   Der kleine Jackie Paper liebte den Paff so sehr
   und ritt auf Paff vergnügt und froh oft über Land und Meer.

   |: Paff, der Zauberdrachen, lebte am Meer
   auf einem Inselparadies, doch das ist schon lange her! :|

2. Und lockte sie die Ferne, schwamm Paff bis nach Shanghai –
   von seinem Rücken rief dann laut der Jackie froh »ahoi!«.
   Die Schiffe der Piraten, die nahmen gleich Reißaus
   und alle riefen: »Paff in Sicht, wir segeln schnell nach Haus!«

3. Ein Drachen, der lebt ewig, doch kleine Boys, oh nein.
   Und so kam für Paff der Tag und er war ganz allein!
   Jackie kam nie wieder, einsam lag der Paff am Strand
   und hieb mit seinem Drachenschwanz hoch in die Luft den Sand.

4. Er weinte Drachentränen, traurig war sein Blick –
   doch seine Tränen brachten ihm den Jackie nicht zurück!
   Weil er mit klein Jackie den besten Freund verlor,
   schloss er sich in die Höhle ein und kam nie mehr hervor!

Worte und Melodie: Peter Yarrow/Leonard Lipton · deutscher Text: Fred Oldörp

Wahre Freundschaft soll nicht wanken

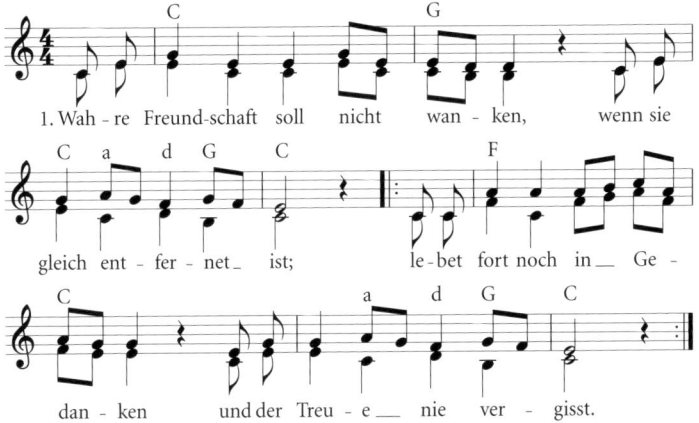

1. Wah - re Freund-schaft soll nicht wan - ken, wenn sie gleich ent - fer - net _ ist; le - bet fort noch in _ Ge - dan - ken und der Treu - e __ nie ver - gisst.

2. Keine Ader soll mir schlagen, wo ich nicht an dich gedacht,
   |: ich will Sorge für dich tragen bis zur späten Mitternacht. :|

3. Wenn der Mühlstein träget Reben und daraus fließt kühler Wein,
   |: wenn der Tod mir nimmt das Leben, hör ich auf getreu zu sein. :|

Volkslied

Wie schön, dass du geboren bist ②

1. Heu - te kann es reg - nen, stür - men o - der schnei'n,

denn du strahlst ja sel - ber wie der Son - nen-schein.

Heut ist dein Ge-burts - tag, da - rum fei - ern wir,

al - le dei - ne Freun - de freu - en sich mit dir,

al - le dei - ne Freun - de freu - en sich mit dir.

1.–3. Wie schön, dass du ge - bo - ren bist, wir

hät - ten dich sonst sehr ver - misst. Wie schön, dass wir bei -

sam-men sind, wir gra - tu - lie - ren dir, Ge-burts-tags-kind.

2. Unsre guten Wünsche haben ihren Grund:
   Bitte bleib noch lange glücklich und gesund!
   Dich so froh zu sehen ist, was uns gefällt,
   |: Tränen gibt es schon genug auf dieser Welt. :|

3. Montag, Dienstag, Mittwoch, das ist ganz egal,
   dein Geburtstag kommt im Jahr doch nur einmal.
   Darum lass uns feiern, dass die Schwarte kracht,
   |: heute wird getanzt, gesungen und gelacht. :|

Worte und Melodie: Rolf Zuckowski

Lass doch den Kopf nicht hängen

1. u. 2. Lass doch den Kopf nicht hän - gen,
du bist doch nicht al - lein, so wie dir geht's auch
an - dern, mor - gen wird's bes - ser sein.

1. Geht dir mal was daneben,
   hast du mal Pech statt Glück,
   glaub nicht, das wird so bleiben,
   schau vorwärts, nicht zurück.

2. Hast du mal Krach mit Freunden
   und mit den Eltern Streit,
   erst noch mal drüber reden,
   vielleicht war's nicht so gemeint.

Melodie der Strophen wie Refrain;
Abfolge: Refrain – 1. Strophe – Refrain – 2. Strophe – Refrain

Aus Amerika · Worte: Jürgen Schöntges

Alles muss klein beginnen ③

Chor
1.–4. Al - les muss klein be - gin - nen, lass et - was Zeit ver -
rin - nen, es muss nur Kraft ge - win - nen
und end - lich ist es groß.

fine
Solo
1. Schau nur die - ses
Körn - chen, ach, man sieht es kaum, gleicht bald ei - nem
Gras - halm, spä - ter wird's ein Baum. Und nach vie - len
Jah - ren, wenn ich Rent - ner bin, spen - det er mir
Schat - ten, singt die Am - sel drin.

*Wiederholungs-
zeichen gilt nur
bei Strophe 4!*

2. Schau, die feine Quelle zwischen Moos und Stein
sammelt sich im Tale um ein Bach zu sein.
Wird zum Fluss anschwellen, fließt zum Meere hin,
braust dort ganz gewaltig, singt das Fischlein drin.

144

3. Schau die leichte Flocke, wie sie tanzt und fliegt
   bis zu einem Ästchen, das unterm Schnee sich biegt.
   Landet da die Flocke und durch ihr Gewicht
   bricht der Ast herunter und der Rabe spricht:

4. Manchmal bin ich traurig, ich bin viel zu klein,
   kann ja doch nichts machen und dann fällt mir ein:
   Erst einmal beginnen, hab ich das geschafft,
   nur nicht mutlos werden, dann wächst auch die Kraft.
   Und dann seh ich staunend, ich bin nicht allein,
   viele kleine Schwache stimmen mit mir ein:

Worte und Melodie: Gerhard Schöne

Kinder

1. Sind so klei - ne Hän - de, winz' - ge Fin - ger dran,
   darf man nie drauf schla-gen, die zer-bre-chen dann.

Sind so klei - ne Fü - ße mit so klei-nen Zeh'n,

darf man nie drauf tre-ten, könn' sie sonst nicht gehn.

2. Sind so kleine Ohren, scharf und ihr erlaubt: Darf man nie zubrüllen,
   werden davon taub. Sind so schöne Münder, sprechen alles aus.
   Darf man nie verbieten, kommt sonst nichts mehr raus.

3. Sind so klare Augen, die noch alles sehn. Darf man nie verbinden,
   könn' sie nichts verstehn. Sind so kleine Seelen, offen und ganz frei.
   Darf man niemals quälen, gehn kaputt dabei.

4. Ist so'n kleines Rückgrat, sieht man fast noch nicht. Darf man niemals
   beugen, weil es sonst zerbricht. Grade, klare Menschen wär'n ein
   schönes Ziel. Leute ohne Rückgrat hab'n wir schon zu viel.

Worte und Melodie: Bettina Wegner

Eines Morgens in aller Frühe (Bella ciao)

2. |: Partisanen, kommt, nehmt mich mit euch, :| denn ich fühl',
   der Tod ist nah.

3. |: Wenn ich sterbe als Partisane, :| bringt mich dann zur letzten Ruh'.

4. In den Schatten einer kleinen Blume, einer kleinen, ganz zarten Blume,
   in die Berge bringt mich dann.

5. |: Und die Leute, die gehn vorüber, :| sehn die kleine Blume stehn.

6. Diese Blume, so sagen alle, ist die Blume des Partisanen, der für unsre
   Freiheit starb.

Italienischer Originaltext:

1. |: Una mattina mi sono alzato, :| e ho trovato l'invasor.

2. |: O partigiano portami via, :| qui mi sento di morir.

3. |: E se io muoio de partigiano, :| tu mi devi seppelir.

4. |: Seppelire sulla montagna, :| sotto l'ombra d'un bel fior.

5. |: E le genti che passeranno, :| diranno o che bel fior.

6. |: E quest' é il fiore del partigiano, :| morto per la libertá!

Aus Italien · deutscher Text: Horst Berner

Die Moorsoldaten

1. Wo - hin auch das Au - ge bli - cket, Moor und Hei - de nur rings - um. Vo - gel - sang uns nicht er - qui - cket, Ei - chen ste - hen kahl und krumm. 1.–5. Wir sind die Moor - sol - da - ten und zie - hen mit dem Spa - ten ins Moor.

2. Hier in dieser öden Heide ist das Lager aufgebaut,
   wo wir fern von jeder Freude hinter Stacheldraht verstaut.

3. Morgens ziehen die Kolonnen in das Moor zur Arbeit hin.
   Graben bei dem Brand der Sonne, doch zur Heimat steht der Sinn.

4. Heimwärts, heimwärts jeder sehnet sich zu Eltern, Weib und Kind.
   Manche Brust ein Seufzer dehnet, weil wir hier gefangen sind.

5. Auf und nieder gehn die Posten, keiner, keiner kann hindurch.
   Flucht wird nur das Leben kosten, vierfach ist umzäunt die Burg.

6. Doch für uns gibt es kein Klagen, ewig kann's nicht Winter sein.
   Einmal werden froh wir sagen: Heimat, du bist wieder mein!
   Dann ziehn die Moorsoldaten nicht mehr mit dem Spaten ins Moor!

Worte: Johann Esser/Wolfgang Langhoff · Melodie: Rudi Goguel

Bürgerlied ①

1. Ob wir ro - te, gel - be Kra - gen, Hel - me o - der Hü - te tra - gen, Stie - fel tra - gen o - der Schuh' o - der ob wir Rö - cke nä - hen und zu Schu - hen Dräh - te dre - hen: Das tut, das tut nichts da - zu.

2. Ob wir können präsidieren oder müssen Akten schmieren ohne Rast und Ruh'; ob wir just Collegia lesen oder aber binden Besen, das tut, das tut nichts dazu.

3. Ob wir stolz zu Rosse reiten oder ob zu Fuß wir schreiten fürbass unserm Ziele zu; ob uns Kreuze vorne schmücken oder Kreuze hinten drücken, das tut, das tut nichts dazu.

4. Aber ob wir Neues bauen oder Altes nur verdauen, wie das Gras verdaut die Kuh; oder ob wir in der Welt was schaffen oder nur die Welt begaffen, das tut, das tut was dazu.

5. Ob wir rüstig und geschäftig, wo es gilt zu wirken kräftig, immer tapfer greifen zu; oder ob wir schläfrig denken: »Gott wird's wohl im Schlafe schenken«, das tut, das tut was dazu!

6. Ob im Kopfe etwas Grütze und im Herzen Licht und Hitze, dass es brennt in einem Nu; oder ob wir hinter Mauern stets im Dunkel träge kauern, das tut, das tut was dazu.

7. Drum ihr Bürger, drum ihr Brüder, alle eines Bundes Glieder, was auch jeder von uns tu! Alle, die dies Lied gesungen, so die Alten wie die Jungen, tun wir, tun wir was dazu!

Worte: um 1845 · Melodie: nach dem Volkslied »Prinz Eugen, der edle Ritter«

Die Gedanken sind frei ④

1. Die Ge - dan - ken ___ sind ___ frei! Wer ___
Sie ___ flie - hen ___ vor - bei wie ___

kann sie er - ra - ten?
nächt - li - che Schat - ten.

Kein Mensch kann sie

wis - sen, kein Jä - ger er - schie - ßen, es

blei - bet da - bei: Die Ge - dan - ken sind frei!

2. Ich denke, was ich will und was mich beglücket, doch alles in der Still
   und wie es sich schicket. Mein Wunsch und Begehren kann niemand
   verwehren, es bleibet dabei: Die Gedanken sind frei!

3. Und sperrt man mich ein im finstern Kerker, das alles sind rein
   vergebliche Werke; denn meine Gedanken zerreißen die Schranken und
   Mauern entzwei: Die Gedanken sind frei!

Worte und Melodie um 1800 · Satz: Manfred Grote

Blowin' in the wind
(Die Antwort weiß ganz allein der Wind) ②

1. How man-y roads must a man walk __
1. Wie vie-le Stra-ßen auf die-ser __

down be-fore you can call him a man?
Welt sind Stra-ßen voll Trä-nen und Leid?

Yes, 'n' how man-y seas must a white dove
Wie vie-le Mee-re auf die-ser

sail be-fore __ she sleeps in the sand?
Welt sind Mee-re der Trau-rig-keit?

Yes 'n' how man-y times must the can-non-balls
Wie vie-le Müt-ter sind lang schon al-

fly be-fore they're for-ev-er banned? __
lein und war-ten und war-ten noch heut? __

__ 1.–3. The an-swer, my friend, is blow-in' in the
__ 1.–3. Die Ant-wort, mein Freund, weiß ganz al-lein der

wind, the an-swer is blow-in' in the wind. __
Wind, die Ant-wort weiß ganz al-lein der Wind. __

2. How many times must a man look up before he can see the sky?
Yes, 'n' how many years must one man have before he can hear people cry?
Yes, 'n' how many deaths will it take till he knows that too many people have died?

3. How many years can a mountain exist before it is washed to the sea?
Yes, 'n' how many years can some people exist before they're allowed to be free?
Yes, 'n' how many times can a man turn his head pretending he just doesn't see?

2. Wie viele Menschen sind heut noch nicht frei und würden so gerne es sein?
Wie viele Kinder gehn abends zur Ruh und schlafen vor Hunger nicht ein?
Wie viele Träume erflehen bei Nacht: »Wann wird es für uns anders sein?«

3. Wie große Berge von Geld gibt man aus für Bomben, Raketen und Tod?
Wie große Worte macht heut mancher Mann und lindert damit keine Not?
Wie großes Unheil muss erst noch geschehn, damit sich die Menschheit besinnt?

Worte und Melodie: Bob Dylan · deutscher Text: Hans Bradtke

Hine mah tow

Kanon für 2 Stimmen

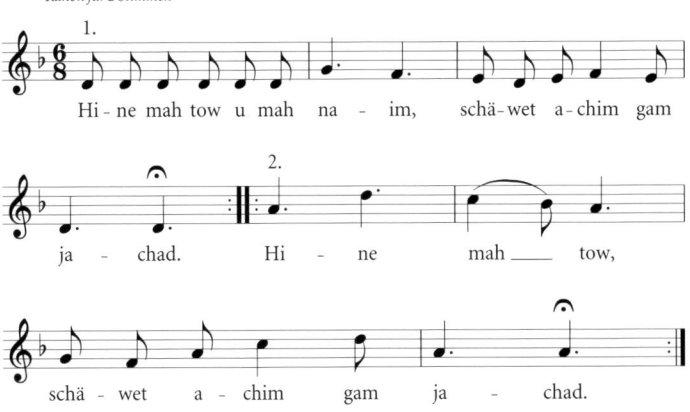

Hi - ne mah tow u mah na - im, schä - wet a - chim gam
ja - chad. Hi - ne mah ___ tow,
schä - wet a - chim gam ja - chad.

Aus Israel · Worte nach Psalm 133

Where have all the flowers gone
(Sag mir, wo die Blumen sind)

1. Where have all the flow-ers gone, long time —
1. Sag mir, wo die Blu-men sind, wo sind sie ge-

pass - ing, where have all the flow-ers gone,
blie - ben, sag mir, wo die Blu-men sind,

long time a - go, where have all the
was ist ge - schehn? Sag mir, wo die

flow - ers gone,— young girls picked them
Blu - men sind,— Mäd-chen pflück - ten

ev - 'ry-one,— when will they ev - er learn,
sie ge - schwind. Wann wird man je ver - stehn,

when will they ev - er learn?
wann wird man je ver - stehn?

2. Where have all the young girls gone … gone to young men every one …

3. Where have all the young men gone … they are all in uniform …

4. Where have all the soldiers gone … gone to graveyards one by one …

5. Where have all the graveyards gone … covered with flowers every one …

6. Strophe wie Strophe 1

2. Sag mir, wo die Mädchen sind … Männer nahmen sie geschwind …

3. Sag mir, wo die Männer sind … zogen fort, der Krieg beginnt …

4. Sag, wo die Soldaten sind … über Gräbern weht der Wind …

5. Sag mir, wo die Gräber sind … Blumen blühn im Sommerwind …

6. Strophe wie Strophe 1

Worte und Melodie: Pete Seeger · Nachdichtung: Max Colpet

We shall overcome ④

1. We shall o - ver - come, _____ we shall o - ver -

come some day. _____ Oh, ___

deep in my heart I do be -

lieve, we shall o - ver - come some day.

2. |: We shall all be free :| some day. Oh, deep in my heart I do believe, we shall overcome some day.

3. |: We shall live in peace :| some day. Oh, deep in my heart I do believe, we shall live in peace some day.

4. |: We walk hand in hand :| today. Oh, deep in my heart I do believe, we walk hand in hand today.

5. |: We are not afraid :| today. Oh, deep in my heart I do believe, we are not afraid today.

Worte und Melodie: Zilphia Horton/Frank Hamilton/Guy Carawan/Pete Seeger
(Melodie nach einer alten Kirchenhymne)

Guantanamera ②

1.–3. Guan - ta - na - me - ra, _____ gua - ji - ra Guan - ta - na - me - ra, _____ Guan - ta - na - me - ra, _____ gua - ji - ra Guan - ta - na - me - ra. 1. Yo soy un hom - bre sin - ce - ro _____ de don - de cre - ce la pal - ma, _____ yo soy un hom - bre sin - ce - ro _____ de don - de cre - ce _ la pal - ma. _____ Y_an - tes de mo - rir me quie - ro _____ e - char mis ver - sos del al - ma.

da capo al fine

2. |: Mi verso es de_un verde claro / y de_un carmin encendido, :|
mi verso_es un ciervo_herido / que busca_en el monte_amparo.

3. |: Con los pobres de la tierra / quiero yo mi suerte_echar, :|
el arroyo de la sierra / me complace mas que_el mar.

Aus Kuba · Worte: José Martí

154

El condor pasa

1. I'd ra-ther be a spar-row than a snail,
   I'd ra-ther be a ham-mer than a nail,

yes, I would, if I could, I sure-ly would.

would.

1. u. 2. A - way, I'd ra-ther sail a - way
   A man gets tied up to the ground,

like a swan that's here and gone.
gives the world it's sad-dest sound,

its sad-dest sound, ___ mh mh. ___

2. I'd rather be a forest than a street,
   yes, I would, if I could, I surely would.
   I'd rather feel the earth beneath my feet,
   yes, I would, if I could, I surely would.

Aus Bolivien · Worte: Paul Simon · Melodie: Daniel A. Robles/Jorge Milchberg nach einer alten Weise der Inkas

Dona, dona ③

1. Auf dem Wa - gen liegt ein Kälb - chen, liegt ge-bun - den mit dem Strick. Durch den Him - mel fliegt ein Schwälb - chen, fliegt und flat - tert hin und zu-rück. 1.–3. Lacht der Wind im Korn, lacht und lacht und lacht. Lacht da - rob den Tag, den gan - zen, und die hal - be Nacht. 1.–3. Do - na, do - na, do - na, do - na, do-na, do-na, do - na, da, do - na, do - na, do-na, do - na, da.

1. On a wag - on bound for mar - ket, there's a calf with a mourn-ful eye, high a - bove him there's a swal - low wing-ing swift-ly through the sky. 1.–3. How the winds are laugh - ing, they laugh with all their might, laugh and laugh the whole day through and half the sum-mer's, night.

2. Weint das Kälbchen, sagt der Bauer: »Wer hat dir gesagt: Sei Kalb?
   Solltest lieber sein ein Vogel, solltest lieber sein die Schwalb.«

3. Dumme Kälbchen soll man binden, schlachtet sie und hat noch Recht.
   Doch wer Flügel hat, kann fliegen und ist keines Menschen Knecht.

2. "Stop complaining!" said the farmer, "who told you a calf to be?
   Why don't you have wings to fly with like a swallow so proud and free?"

3. Calves are easily bound and slaughtered, never knowing the reason why,
   but whoever treasures freedom, like the swallow has learned to fly.

Worte: Sheldon Secunda · Melodie: Sholom Secunda · dt. Text: Heinz Kahlau · Satz: M. Grote

Shalom chaverim

Kanon für 3 Stimmen

Sha – lom cha-ve-rim, sha – lom cha-ve-rim, sha – lom, sha –
lom! Le hi – tra – ot, le hi – tra – ot, sha – lom, sha – lom!

Aus Israel

Hevenu shalom (Wir wollen Frieden für alle)

He – ve – nu sha – lom a – le – chem, __ he – ve – nu
Wir wol – len Frie – den für al – le, _____ wir wol – len

sha – lom a – le – chem, __ he – ve – nu sha – lom a –
Frie – den für al – le, _____ für al – le Men – schen hier auf

le – chem, he – ve – nu sha – lom, sha – lom, sha – lom a – le – chem!
Er – den! __ Wir wol – len Frie – den, Frie – den, Frie – den in der Welt!

Aus Israel · deutscher Text: Heinz Lemmermann

Take this hammer

1. Take this ham - mer, (wah!) car-ry it to the cap - tain, (wah!) take this ham - mer (wah!) and car-ry it to the cap - tain, (wah!) take this ham - mer (wah!) and car-ry it to the cap - tain, (wah!) tell him I'm gone, (wah!) tell him I'm gone. (wah!)

2. If he asks you was I runnin',
   tell him I's flyin', tell him I's flyin'.

3. If he asks you was I laughin',
   tell him I's cryin', tell him I's cryin'.

4. I don't want no peas, cornbread and tomatoes,
   they hurt my pride, they hurt my pride.

5. I'm gonna bust right, bust right past that shooter,
   I'm goin' home, I'm goin' home.

Worksong aus den USA

If I had a hammer

1. If I had a ham-mer,
   I'd ham-mer in the morn-ing,
   I'd ham-mer in the eve-ning,
   all o-ver this land.
   I'd ham-mer out dan - ger,
   I'd ham-mer out a warn - ing, __
   I'd ham-mer out love be - tween my
   broth-ers and my sis-ters, ah ____ all o-ver this land.

2. If I had a bell, I'd ring it in the morning,
   I'd ring it in the evening, all over this land.
   I'd ring out danger, I'd ring out a warning,
   I'd ring out love between my brothers and my sisters,
   all over this land.

3. If I had a song, I'd sing it in the morning,
   I'd sing it in the evening, all over this land.
   I'd sing out danger, I'd sing out a warning,
   I'd ring out love between my brothers and my sisters,
   all over this land.

4. If I got a hammer and I got a bell
   and I got a song to sing all over this land,
   it's a hammer of justice, it's a bell of freedom,
   it's a song about love between my brothers and my sisters,
   all over this land.

Worte und Melodie: Pete Seeger/Lee Hays

A hard day's night ①

It's been a hard day's night and I've been
work all day to get you

work-ing, like a dog. It's been a hard day's night,
mon-ey to buy you things and it's worth it just to hear you

I should be sleep-ing like a log, but when I
say, you're gon-na give me ev-'ry-thing. So why I

get home to you I find the things that you do will make me
love to come home 'cos when I get you a-lone, you know I'll

1.
feel all - right. You know I
be o -

2.
kay. When I'm home

ev-'ry-thing seems to be al-right, when I'm home

feel-ing you hold - ing me tight, tight, yeah.

da capo al ⊕ - ⊕ (Coda)

160

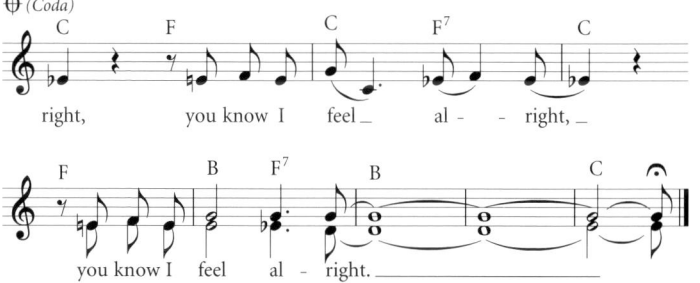

(Coda)
C F C F7 C
right, you know I feel al - - right,
F B F7 B C
you know I feel al - right.

Worte und Melodie: John Lennon/Paul McCartney

Blues and trouble ④

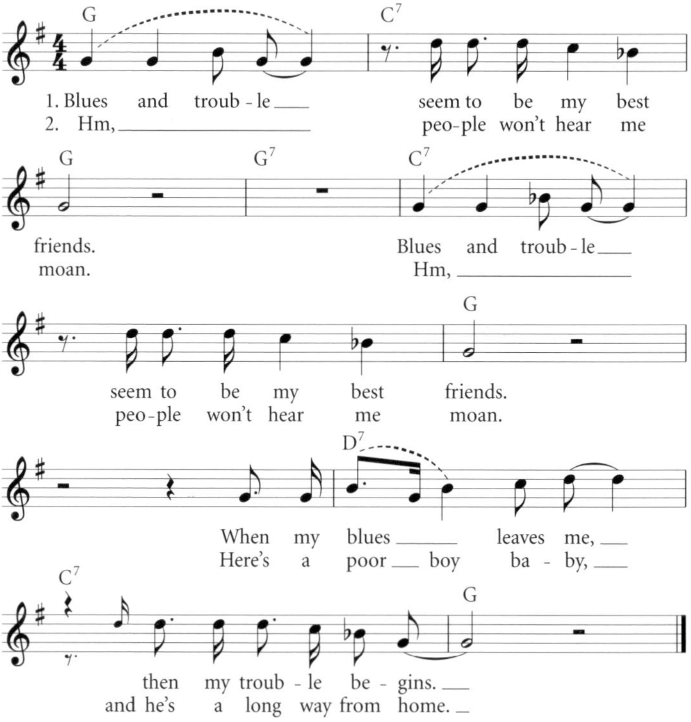

G C7
1. Blues and troub - le seem to be my best
2. Hm, peo-ple won't hear me
G G7 C7
friends. Blues and troub - le
moan. Hm,
G
seem to be my best friends.
peo-ple won't hear me moan.
D7
When my blues leaves me,
Here's a poor boy ba - by,
C7 G
then my troub - le be - gins.
and he's a long way from home.

Blues aus den USA

Day-O (Banana boat song) ④

1.–3. Day - O! __ Day - O! __ Day, dah light break me

wan-na go home. __ wan-na go home. Come Mis-sa Tal-ly-man,

tal-ly me ba-na-na, day, dah light break me wan-na go home. __

wan-na go home. 1. Heave six foot, seven foot, eight foot, bunch.

Day, dah light break me wan-na go home. Heave wan-na go home.

nach Strophe 3 da capo al fine

2. |: A clerk man check but him check with caution.
   Day, dah light break me wanna go home. :|

3. |: My back just broke with bare exhaustion.
   Day, dah light break me wanna go home. :|

Aus Jamaika

Sixteen tons

1. Now __ some peo-ple say a man's made out of mud,__
1.–4. You load six – teen __ tons __ and what do you get? __

__ but a poor __ man's made out of mus – cle and
__ An – – oth – er day ol – der and dee – per in

blood. ♪ Mus – cle and __ blood, ♪ skin and bone, a
dept. Saint Pe – ter, don't you call me, 'cause I can't go. I

1.
mind that's weak, and a back that's strong.
owe my soul to the

2.
com – pa – ny store.

2. I was born one morning when the sun didn't shine,
   I picked up my showel and I walked to the mine.
   I loaded sixteen tons of number nine coal,
   and the straw boss hollered: "Well, bless my soul!"

3. I was born one morning in drizzeling rain;
   fighting and trouble is my middle name.
   I was raised in the bottoms by a momma hound –
   I'm mean as a dog but I'm as gentle as a lamb.

4. If you see me coming, you better step aside;
   a lot of men didn't, and a lot of men died.
   I got a fist of iron and a fist of steel,
   if the right one don't get you then the left one will.

Worte und Melodie: Merle Travis

Die Freiheit

1. Vor ein paar Ta-gen ging ich in den Zoo, die
Son-ne schien, mir war ums Herz so froh. Vor
ei-nem Kä-fig sah ich Leu-te stehn. Da ging ich
hin um mir das nä-her an-zu-sehn. Da ging ich
hin um mir das nä-her an-zu-sehn. sein.

2. »Nicht füttern!«, stand auf einem großen Schild
und: »Bitte auch nicht reizen, da sehr wild!«
Erwachsene und Kinder schauten dumm
|: und nur ein Wärter schaute grimmig und sehr stumm. :|

3. Ich fragte ihn: »Wie heißt denn dieses Tier?«
»Das ist die Freiheit!«, sagte er zu mir.
»Die gibt es jetzt so selten auf der Welt,
|: drum wird sie hier für wenig Geld zur Schau gestellt.« :|

4. Ich schaute und ich sagte: »Lieber Herr!
Ich seh ja nichts, der Käfig ist doch leer!«
»Das ist ja grade«, sagte er, »der Gag!
|: Man sperrt sie ein und augenblicklich ist sie weg!« :|

5. Die Freiheit ist ein wundersames Tier
und manche Menschen haben Angst vor ihr.
Doch hinter Gitterstäben geht sie ein,
|: denn nur in Freiheit kann die Freiheit Freiheit sein. :|

Worte und Melodie: Georg Danzer

164

Hava nagila ①

Ha - va   na - gi - la,   ha - va   na - gi - la,

ha - va   na - gi - la ve - nis - me - cha.   ve - nis - me - cha.

Ha - va   ne - ra - ne - na,   ha - va   ne - ra - ne - na,

ha - va ne - ra - ne - na,   ne - ra - ne - na.   ne - ra - ne - na.

U - ru,   u - ru - a - chim,   u - ru na a - chim be - lev ssa - mey - ach.

U - ru   na a - chim   be - lev   ssa - mey - ach.

U - ru na a - chim,   u - ru na a - chim be - lev ssa - mey - ach.

Aus Israel

165

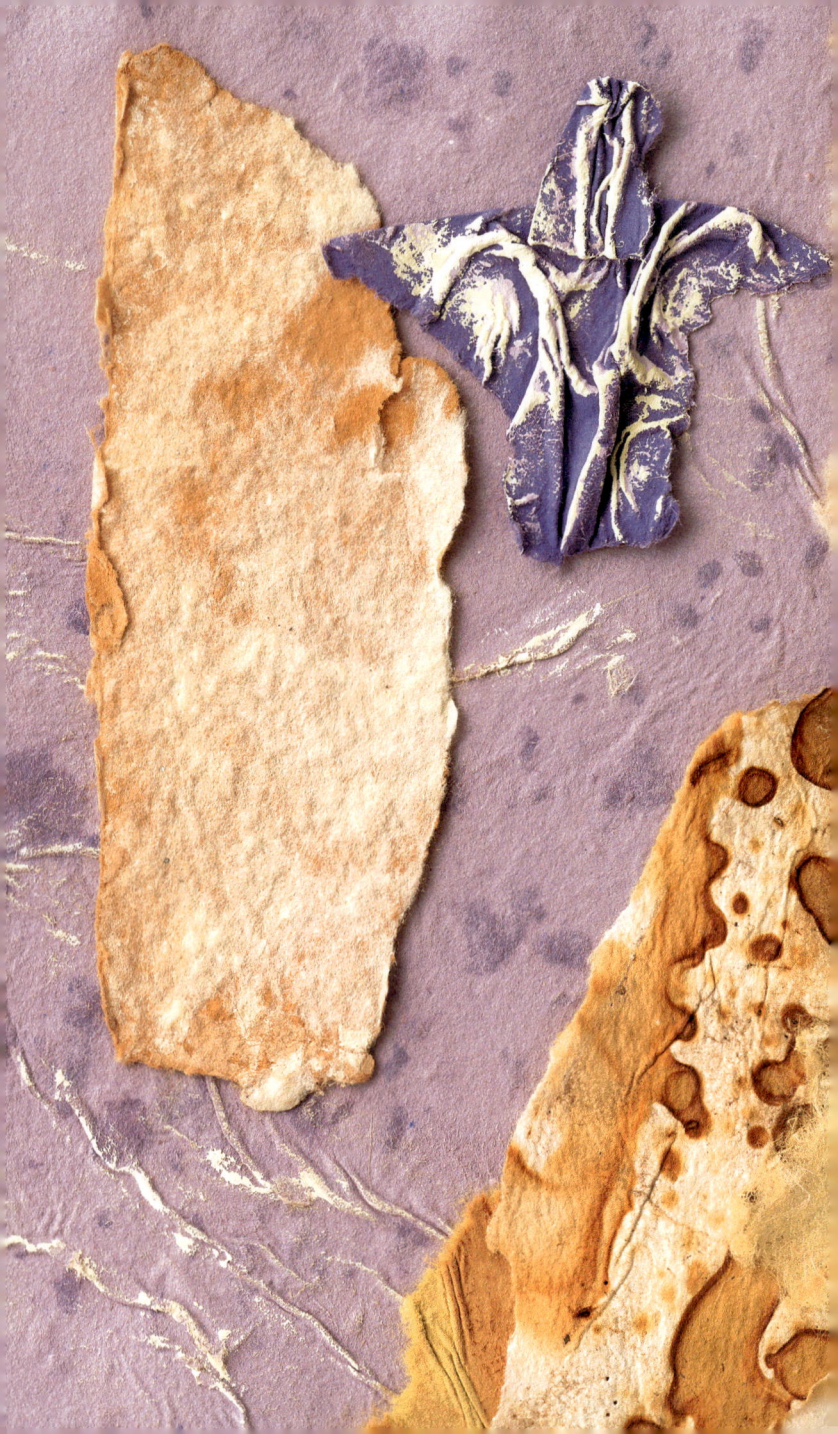

Glory
Halleluja

Oh, happy day ②

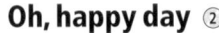

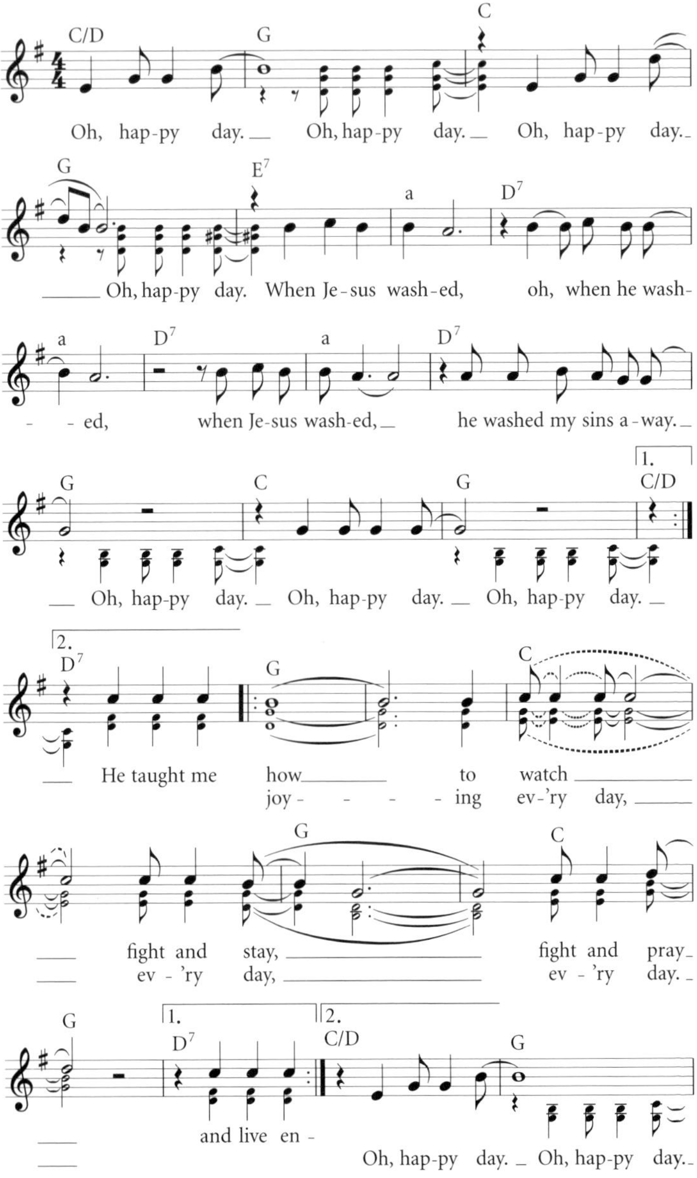
C/D
G
C
Oh, hap-py day. Oh, hap-py day. Oh, hap-py day.
G
E7
a
D7
Oh, hap-py day. When Je-sus wash-ed, oh, when he wash-
a
D7
a
D7
-ed, when Je-sus wash-ed, he washed my sins a-way.
G
C
G
1.
C/D
Oh, hap-py day. Oh, hap-py day. Oh, hap-py day.
2.
D7
G
C
He taught me how to watch
joy-ing ev-'ry day,
G
C
fight and stay, fight and pray
ev-'ry day, ev-'ry day.
G
1.
D7
2.
C/D
G
and live en-
Oh, hap-py day. Oh, hap-py day.

C G C/D C
Oh, hap-py day. Oh, hap-py day. Oh, hap-py day,
C/D G C/D G
oh, hap-py day, oh, hap-py day.

Gospel aus den USA · Bearbeitung: M. G.

I'm a trampin' ①

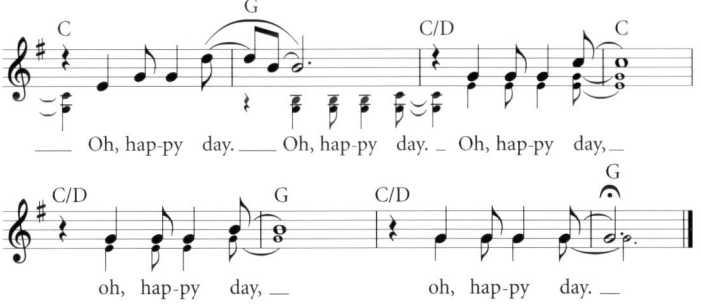

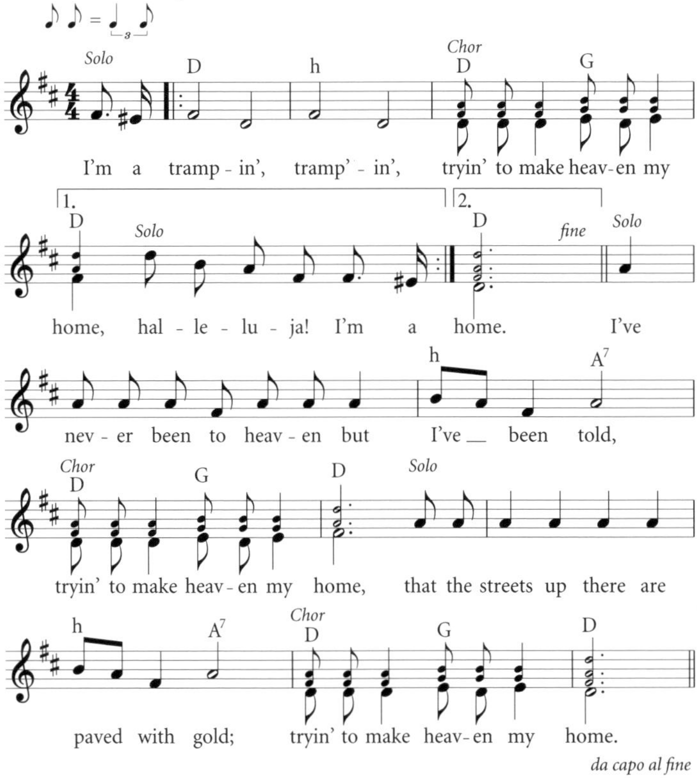
Solo D h Chor D G
I'm a tramp-in', tramp'-in', tryin' to make heav-en my
1. D Solo 2. D fine Solo
home, hal-le-lu-ja! I'm a home. I've
h A7
nev-er been to heav-en but I've been told,
Chor D G D Solo
tryin' to make heav-en my home, that the streets up there are
h A7 Chor D G D
paved with gold; tryin' to make heav-en my home.
da capo al fine

Spiritual aus den USA

Down by the riverside ③

2. I'm gonna lay down my sword and shield …

3. I'm gonna put on my trav'lin' shoes …

4. I'm gonna put on my long white robe …

5. I'm gonna put on my starry crown …

6. I'm gonna walk with the Prince of Peace …

Gospel aus den USA

170

Oh, when the Saints go marchin' in ④

2. And when the stars begin to shine …

3. And when the band begins to play …

4. When Gabriel blows in his horn …

5. And when the sun refuse to shine …

6. And when they crown Him Lord of Lords …

7. And on that hallelujah-day …

Spiritual aus den USA · Bearbeitung: M. G.

Oh, freedom

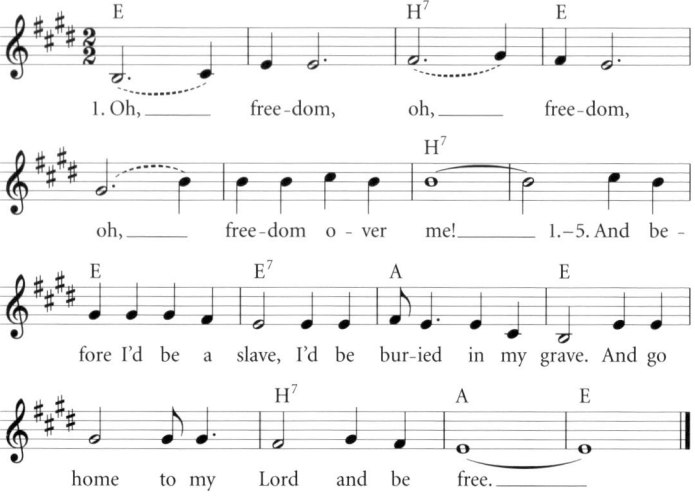

1. Oh, _____ free-dom, oh, _____ free-dom, oh, _____ free-dom o - ver me! _____ 1.–5. And be - fore I'd be a slave, I'd be bur-ied in my grave. And go home to my Lord and be free. _____

2. No more moaning, no more moaning, no more moaning over me!
3. No more crying, no more crying, no more crying over me!
4. There'll be singing, there'll be singing, there'll be singing over me!
5. Oh, freedom, oh, freedom, oh, freedom over me!

Spiritual aus den USA

Can the circle be unbroken

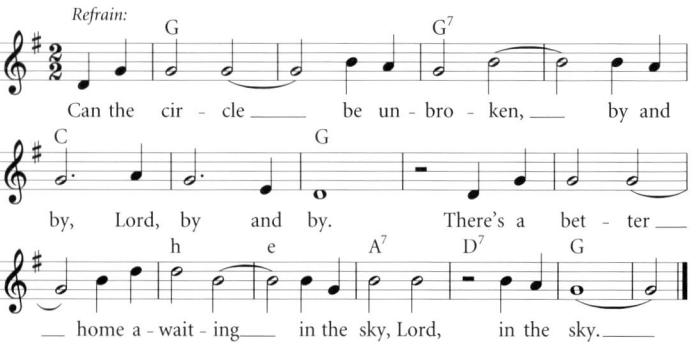

Refrain:

Can the cir - cle _____ be un - bro - ken, _____ by and by, Lord, by and by. There's a bet - ter _____ home a - wait - ing _____ in the sky, Lord, in the sky. _____

Melodie der Strophen wie Refrain:

1. I was standing by the window on one cold and cloudy day,
   when I saw the hearse come rolling for to carry my mother away.

2. Lord, I told the undertaker: "Undertaker, please drive slow,
   for this body you are hauling, Lord, I hate to see her go."

3. For I followed close behind her, tried to cheer up and be brave,
   but my sorrows I could not hide them, when they laid her in the grave.

4. Went back home, Lord, my home was lonesome, since my mother she was
   gone. All my brothers and sisters crying, what a home, so sad and lone.

Gospel aus den USA

Go down, Moses

2. Thus spoke the Lord, bold Moses said, let my people go.
   If not I'll smite your firstborn dead, let my people go.

3. No more shall they in bondage toil, let my people go.
   Let them come out with Egypt's spoil, let my people go.

Spiritual aus den USA · Satz: Karl Haus/Franz Möckl

Joshua fit the battle of Jericho ①

1.–3. Jo - shua fit the bat - tle of ___ Je - ri - cho, _

Je - ri - cho, Je - ri - cho, Jo - shua fit the bat - tle of _

Je - ri - cho and the walls came tum - blin' down.

1. Up to the walls of Je - ri - cho he

marched with spear in hand. "Go blow the ram horns,"

Jo - shua cried, "Cause the bat - tle is in my hand."

nach Strophe 3 da capo al fine

2. Then the / lamb ram sheep horns be- / gan to blow,
   the / trumpets began to / sound. /
   Joshua commanded the / children to shout,
   and the / walls came tumblin' / down.

3. You may / talk about the king of / Gideon,
   you may / talk about the man of / Saul.
   There's / none like good old / Joshua
   at the / battle of Jeri- / cho.

Spiritual aus den USA · Satz: Walter Layher

Come an' go

1. Come an' go to that lan', come an' go to that lan', come an' go to that lan', 1.–4. where I'm boun', where I'm boun'. 1. Come an' lan', 1.–4. where I'm boun'.

2. There is joy in that lan'…
3. Peace and happiness in that lan'…
4. Come an' go to that lan'…

Spiritual aus den USA · Satz: Karl Haus/Franz Möckl

Kum ba yah

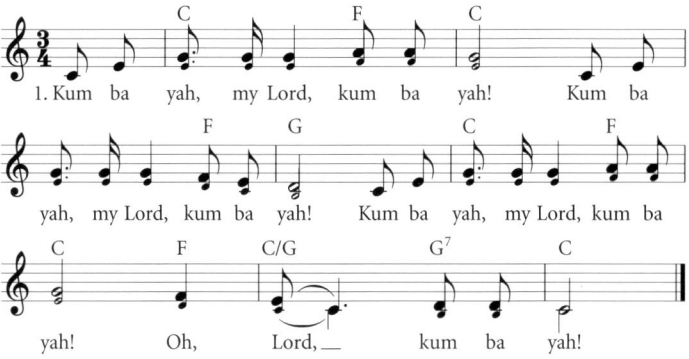

1. Kum ba yah, my Lord, kum ba yah! Kum ba yah, my Lord, kum ba yah! Kum ba yah, my Lord, kum ba yah! Oh, Lord, kum ba yah!

2. Someone's crying, Lord, kum ba yah!
3. Someone's singing, Lord, kum ba yah!
4. Someone's praying, Lord, kum ba yah!

Spiritual aus den USA

I'm a-rolling

I'm a-roll-ing, I'm a-roll-ing, I'm a-roll-ing
through an un-friend-ly world, I'm a-roll-ing, I'm a-
roll-ing through an un-friend-ly world.

Oh, broth-ers won't you help me, oh, broth-ers won't you
sis-ters
help me to pray; oh, broth-ers won't you help me, won't you
sis-ters
help me in the ser-vice of the Lord.

da capo al fine

Spiritual aus den USA

176

Wade in the water ③

Chor

1. u. 2. Wade ____ in the wa – ter, wade in the

wa – ter, chil – dren, wade ____ in the wa – ter,

God's a gon – na trou – ble the wa – ter. *Solo* 1. If
2. 𝄽

Jor – dans wa – ter is chil – ly and cold, ____
See ____ that band ____ all dres – sed in red, ____

Chor God's a gon – na trou – ble the wa – ter, *Solo* it
looks

chills ____ the bo – dy but lifts ____ the soul, ____
like ____ a band ____ that Mo – ses led, ____

Chor God's a gon – na trou – ble the wa – ter.

Spiritual aus den USA

177

Nobody knows

1.–4. Oh, no-bod-y knows de trou-ble I've seen,
no-bod-y knows but Je-sus. No-bod-y knows de
trou-ble I've seen. Glo - ry hal - le - lu - - jah!

1. Some - times I'm up, some - times I'm down, 1.–4. oh yes,
Lord. 1. Some-times I'm al-most to de groun', 1.–4. oh yes, Lord.

nach Strophe 4 da capo al fine

2. Although you see me goin' long so, oh yes, Lord,
   I have my trials here below, oh yes Lord.

3. One day when I was walkin' 'long, oh yes, Lord,
   de el'ment open'd an' love came down, oh yes, Lord.

4. I never shall forget that day, oh yes Lord,
   when Jesus washed my sins away, oh yes Lord.

Spiritual aus den USA · Satz: Franz Möckl

Heaven is a wonderful place

Kanon für 3 Stimmen

1. Heav - en is a won - der - ful place, filled with glo ry and grace, I want to see my sa - viour's face. Heav - en is a won - der - ful place. I want to go there.

2. Heav - en is a won - der - ful place, ____ filled with glo - ry and grace, ____ I want to see my sa - vi - our's face. Heav - en is a won - der - ful place.

3. Heav - en is a won - der - ful place, ____ filled with glo - ry and grace, ____ I want to see my sa - vi - our's face. Heav - en is a won - der - ful place.

Gospel aus den USA · Kanonfassung: Wolfgang Koperski

The Gospel train (Da kommt der Zug gefahren) ②

1. The Gos - pel train's a com - in', __ I hear it, just at
1. Da kommt der Zug ge - fah - ren, __ er rum - pelt ü - bers

hand, __ I hear the car wheel rumbl - in' __ and
Gleis, __ die Wa - gen - rä - der rat - tern, __ dem

roll - in' thro the land. 1.–3. Git on board, lit - tle
Hei - zer ist es heiß. 1.–3. Und nun kommt, kommt doch

child - ren, git on board, lit - tle child - ren, git on
al - le, al - le kommt, steigt mit ein. __ Und nun

board, lit - tle child - ren, there's room for man - y more.
kommt, kommt doch al - le, es gehn noch vie - le rein.

2. I hear the train's a comin', she's comin' round the curve,
   she's loosened all her steam and brakes, and strainin' ev'ry nerve.

3. The fare is cheap an' all can go, the rich and poor are there,
   no second class aboard this train, no diff'rence in the fare.

2. Da kommt der Zug gefahren, die Lok noch mächtig zieht.
   Sie pfeift und qualmt gewaltig und singt ihr Reiselied.

3. Das Ticket ist nicht teuer für Arm und auch für Reich.
   Wir fahren erster Klasse, für alle ist es gleich.

Spiritual aus den USA · deutscher Text: Raimund Hoge

Nearer, my God, to Thee ①

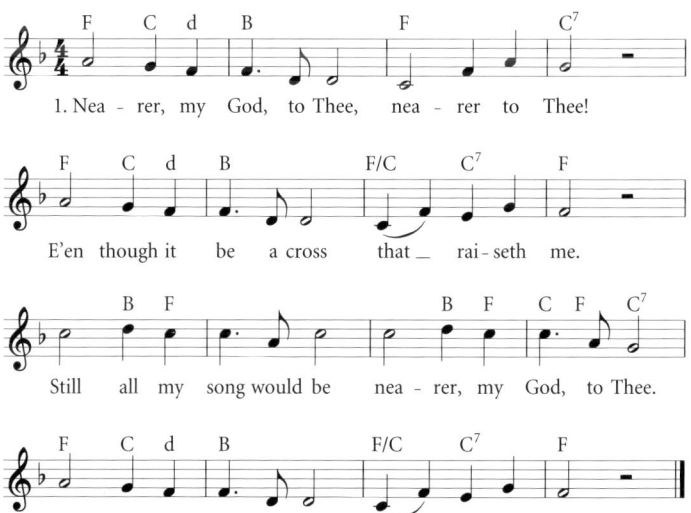

1. Nea - rer, my God, to Thee, nea - rer to Thee!
E'en though it be a cross that __ rai - seth me.
Still all my song would be nea - rer, my God, to Thee.
Nea - rer, my God, to Thee, nea - rer to Thee!

2. Though like the wanderer, the sun gone down,
darkness be over me, my rest a stone;
yet in my dreams I'd be nearer, my God, to Thee,
nearer, my God, to Thee, nearer to Thee!

3. There let the way appear steps unto heav'n;
all that Thou sendest me in mercy giv'n;
angels to beckon me nearer, my God, to Thee,
nearer, my God, to Thee, nearer to Thee!

4. The with my waking thoughts bright with Thy praise,
out of my stony griefs Bethel I'll raise;
so by my woes to be nearer, my God, to Thee,
nearer, my God, to Thee, nearer to Thee!

5. Or if on joyful wing, cleaving the sky,
sun, moon, and stars forgot, upwards I fly,
still all my song shall be, nearer, my God, to Thee,
nearer, my God, to Thee, nearer to Thee!

Worte und Melodie: Lowell Mason

He's got the whole world

1. He's got the whole world ____ in His hands, He's got the whole world ____ in His hands, He's got the whole world ____ in His hands, 1.–8. He's got the whole world in His hands.

2. |: He's got the tiny little baby in His hands, :|
   He's got the whole world in His hands.
3. He's got you and me, brother, in His hands …
4. He's got the son and his father in His hands …
5. He's got the mother and her daughter in His hands …
6. He's got the wind and the rain in His hands …
7. He's got the sun and the moon in His hands …
8. He's got the whole world in His hands …

Gospel aus den USA

Non like You ④

1. Non like You, non like You, non like You, oh Lord.
   Non like You, non like You, non like You, oh Lord.

2. Strong tower, strong tower, non like You, oh Lord.
3. Prince of peace, Prince of peace, non like You, oh Lord.

Gospel aus den USA · Bearbeitung: Bernhard Streerath

All night, all day

1. u. 2. All night, all___ day, an-gels watch-ing o-ver me, my Lord. All night, all_ day, an-gels watch-ing o-ver me.

1. Now I lay me down to sleep,
2. If I die be-fore _ I wake,

an-gels watch-ing o-ver me, my Lord.

1. Pray the Lord my
2. Pray the Lord my

1. soul to keep,
2. soul to take,

an-gels watch-ing o-ver me.

1. soul to _ keep,
2. soul to _ take,

nach Strophe 2 da capo al fine

Spiritual aus den USA • Satz: Wolfgang Jehn

183

Glory Land ③

1.u.2. O - - ver in the Glo - ry Land Je - __ sus took me by the hand. O - ver in the Glo - ry Land. ____ O - - ver in the Glo - ry Land, see ____ that hap - py an - gel band, o - ver in the Glo - ry Land. *fine*

1. Drift - ing thro' life care - less - ly ___ eyes so dimmed I could - n't see __ walk - ing to the Glo - ry Land. ____
2. Trou - bles I've got all my own __ mean - time gon - na find a home o - ver in the Glo - ry Land. ____

1.u.2. Sin - ners there are rocks a - head de - vils rack - ing in my head. O - ver in the Glo - ry Land. I'm sing - in' I'm sing - in'

da capo al fine

Worte und Melodie: Lonnie Donegan · Bearbeitung: M. G.

184

Rock my soul

Kanon für 3 Stimmen

Rock my soul in the bos-om of A - bra-ham,

rock my soul in the bos-om of A - bra-ham,

rock my soul in the bos-om of A - bra-ham,

oh rock - a my soul. So high I

can't get o - ver it, so low I can't get un - der it,

so wide I can't get a - round, oh rock - a my

soul. Rock my soul, rock my soul,

rock my soul, oh rock - a my soul.

Spiritual aus den USA · Kanonfassung: Erno Seifriz

Good news ③

1.–5. Good news! _____ Char - i - ot's com-in'. Good news! _____ Char - i-ot's com-in'. Good news _____ Char - i-ot's com-in' and I don't want it to leave me be - hind.

Solo 1

1. There's a long white robe in the

Solo 2

heav - en I know. _____

1. A long white robe in the

Chor

heav - en I know. There's a long white robe in the heav - en I know, and I don't want it to leave me be - hind.

da capo al fine

2. There's a pair of wings in the heaven I know and I don't want to leave me behind.

3. There's a pair of shoes …

4. There's a starry crown …

5. There's a golden harp …

Spiritual aus den USA · Satz: Walter Layher

186

Amazing grace ②

1. A-maz-ing grace, how sweet the sounds, that saved a wretch like me. I once was lost, but now am found, was blind, but now I see.

(Vokalisen)

2. 't was grace that taught my heart to fear, and grace my fears relieved.
   How precious did that grace appear the hour I first believed.

3. Thro's many dangers, toils and snares I have already come,
   't is grace hath bro't me safe thus far, and grace will lead me home.

4. How sweet the name of Jesus sounds in a believer's ear.
   It soothes his sorrows, heals the wounds, and drives away his fear.

5. Must Jesus bear the cross alone, and all the world go free?
   No, there's a cross for ev'ry one, and there's a cross for me.

Worte: John Newton · Melodie: aus England · Satz: Manfred Grote

Ev'ry time I feel the Spirit ②

1. u. 2. Ev - 'ry time I ____ feel the Spir - it ____ mov - in'
in my heart, I will pray, ____ ev - 'ry time I ____ feel the
Spir - it ____ mov - in' in my heart, I will pray. ____

fine

1. Up - on the moun - tain, when my Lord spoke, ____ out of His
2. Oh, I have sor - rows, and I have woe, ____ and I have
Uh, ____ uh, ____

mouth come fire and smoke; look'd all a - round me it look'd so
heart - ache here be - low; ____ but while God leads me I'll nev - er
uh, ____ uh, ____

fine ____ till I ask'd my Lord if all were mine. ____
fear ____ for I am shel - tered ____ by His care. ____
uh, ____ uh.

da capo al fine

Spiritual aus den USA · Bearbeitung: M. G.

Rivers of Babylon ①

Uh, _____ uh, _____ uh, _____ uh, _____

By the riv-ers of Ba-by-lon there we sat down.

Yeah we wept, when we re-mem-bered Zi - on.

When the wick-ed car-ried us a-way in cap-tiv-i-ty, _ re -

quir-ed from us a song, now how shall we sing the

Lord's song in a strange land. Uh, _____ uh, _____ uh, ___

___ uh, _____ Let the words of our

mouth and the me-di-ta-tions of our_ hearts be ac -

cep - ta-ble in Thy_ sight here to - night.

da capo al fine

Worte und Melodie: F. Farian/G. Rayam/B. Dowe/F. McNaughton (nach einem Spiritual)

Swing low, sweet chariot

1.–3. Swing low, sweet char – i – ot,— comin' for to car-ry me home. Swing low, sweet char – i - ot,— comin' for to car-ry me home.

1. I looked o – ver Jor – dan, an' what did I see,— comin' for to car-ry me home. A band of an – gels comin' af-ter me, — comin' for to car-ry me home.

nach Strophe 3 da capo al fine

2. If you get there before I do, comin' for to carry me home.
Tell all my friends I'm comin' too, comin' for to carry me home.

3. I'm sometimes up an' sometimes down, comin' for to carry me home.
But still my soul feels heavenly bound, comin' for to carry me home.

Spiritual aus den USA

Michael row the boat ashore ④

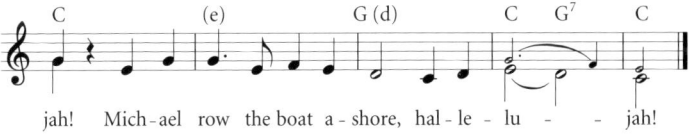

1. Michael row the boat a-shore, halle-lu - - jah! Michael row the boat a-shore, halle-lu - - jah!

2. Michael's boat is a gospelboat, hallelujah …

3. Brother lend a helping hand, hallelujah …

4. Sister help to trim the sail, hallelujah …

5. Boasting talk will sink your soul, hallelujah …

6. Jordan-stream is deep and wide, hallelujah …

7. Jesus stand on the other side, hallelujah …

Spiritual aus den USA · Bearbeitung: Lutz Gottschalk

Row your boat

Kanon für 4 Stimmen

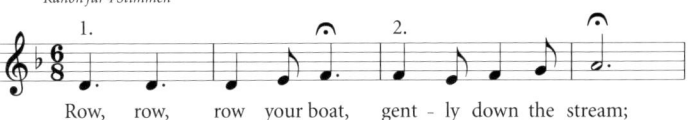

Row, row, row your boat, gent-ly down the stream;

mer-ri-ly, mer-ri-ly, mer-ri-ly, mer-ri-ly, life is but a dream.

Aus England

John Brown's body ④

1. John Brown's bod – y lies a – mould – rin' in the grave,

John Brown's bod – y lies a – mould – rin' in the grave,

John Brown's bod – y lies a – mould – rin' in the grave, but his

soul goes march – ing on! 1.–4. Glo – ry, glo – ry hal – le – lu – jah!

Glo – ry, glo – ry hal – le – lu – jah! Glo – ry, glo – ry hal – le –

lu – jah! But his soul goes march – ing on! 2. The
3. He is

2. The stars above in heaven, they are looking kindly down, (3-mal)
   on the grave of Old John Brown.

3. He is going to be a soldier in the army of the Lord, (3-mal)
   and his soul goes marching on.

4. John Brown died that the slaves might be free, (3-mal)
   but his soul goes marching on.

Gospel aus den USA

I'm gonna sing

1. I'm gon-na sing when the Spir-it says "Sing.", I'm gon-na

sing when the Spir-it says "Sing", I'm gon-na sing when the

Spir-it says "Sing", and o-bey the Spir-it of the Lord.

(Ton von unten angeschliffen)

2. I'm gonna shout when the Spirit says "Shout"…

3. I'm gonna preach when the Spirit says "Preach!"…

4. I'm gonna pray when the Spirit says "Pray"…

5. I'm gonna sing when the Spirit says "Sing"…

Spiritual aus den USA · Satz: Stefan Kalmer

Ein feste Burg ist unser Gott

1. Ein fes - te Burg ist un - ser Gott, ein
   Er hilft uns frei aus al - ler Not, die

gu - te Wehr und Waf - - fen.
uns jetzt hat be - trof - - fen. Der

alt bö - se Feind, mit Ernst er's jetzt meint; groß

Macht und viel List sein grau - sam Rüs - tung

ist, auf Erd' ist nicht seins - glei - - chen.

2. Mit unsrer Macht ist nichts getan, wir sind gar bald verloren;
   es streit' für uns der rechte Mann, den Gott hat selbst erkoren.
   Fragst du, wer der ist? Er heißt Jesus Christ, der Herr Zeboath,
   und ist kein andrer Gott, das Feld muss er behalten.

3. Und wenn die Welt voll Teufel wär und wollt uns gar verschlingen,
   so fürchten wir uns nicht so sehr, es soll uns doch gelingen.
   Der Fürst dieser Welt, wie saur er sich stellt, tut uns doch nicht;
   das macht, er ist gericht'. Ein Wörtlein kann ihn fällen.

4. Das Wort sie sollen lassen stahn und kein' Dank dazu haben;
   er ist bei uns wohl auf dem Plan mit seinem Geist und Gaben.
   Nehmen sie den Leib, Gut, Ehr, Kind und Weib, lass fahren dahin,
   sie haben kein' Gewinn, das Reich muss uns doch bleiben.

Worte und Melodie: Martin Luther

Halleluja

Hal - le - lu - ja, hal - le - lu - hal - le - lu - ja,   hal - le - lu - ja, hal - le - lu - ja!

lu - ja!   Hal - le   lu - ja,   hal - le   lu - ja,   lu - ja!

Worte aus Taizé (Frankreich) · Melodie: Karen Lafferty

Dona nobis pacem

Kanon für 3 Stimmen

Do - na   no - bis   pa - cem, pa - cem,

do - na   no - bis   pa - cem.

Do - na   no - bis   pa - cem,   do - na   no - bis

pa - cem.   Do - na   no - bis

pa - cem,   do - na   no - bis   pa - cem.

Komponist unbekannt

Jingle Bells

Vorfreude, schönste Freude ①

1.–4. Vor - freu - de, schöns - te Freu - de, Freu - de im Ad - vent. 1. Tan - nen - grün zum Kranz ge - wun - den, ro - te Bän - der drein - ge - bun - den. Und das ers - te Licht - lein brennt, ers - tes Leuch - ten im Ad - vent, Freu - de im Ad - vent!

2. Heimlichkeit im frühen Dämmern: basteln, stricken, rascheln, hämmern.
Und das zweite Lichtlein brennt. Heimlichkeiten im Advent,
Freude im Advent!

3. Was tut Mutti, könnt ihr's raten? Kuchen backen, Äpfel braten.
Und das dritte Lichtlein brennt. Süße Düfte im Advent,
Freude im Advent!

4. Kinderstimmen, leise, leise, üben manche frohe Weise.
Und das vierte Lichtlein brennt. Lieder klingen im Advent,
Freude im Advent!

Worte: Erika Engel · Melodie: Hans Naumilkat · Bearbeitung: M. G.

Es ist für uns eine Zeit angekommen

1. Es ist für uns ei – ne Zeit an – ge – kom – men, die bringt uns ei – ne gro – ße Freud. Es ist für Freud. Ü – bers schnee – be – glänz – te Feld 1.–3. wan – dern wir, wan – dern wir durch die wei – te, wei – ße Welt.

2. |: Es schlafen Bächlein und See unterm Eise,
   es träumt der Wald einen tiefen Traum. :|
   Durch den Schnee, der leise fällt, wandern wir …

3. |: Vom hohen Himmel ein leuchtendes Schweigen
   erfüllt die Herzen mit Seligkeit. :|
   Unterm sternbeglänzten Zelt wandern wir …

Worte: Paul Hermann · Melodie: alte Sterndreherweise · Satz: Siegfried Bimberg

Süßer die Glocken nie klingen ①

1. Süßer die Glocken nie klingen
als zu der Weihnachtszeit, _____
's ist, als ob Engelein singen
wieder von Frieden und Freud, _____
wie sie gesungen in heiliger Nacht,
wie sie gesungen in seliger Nacht,

1.–3. Glocken mit heiligem Klang, _____
klinget die Erde entlang. _____

2. Und wenn die Glocken dann klingen, gleich sie das Christkindlein hört,
tut sich vom Himmel dann schwingen, eilet hernieder zur Erd,
|: segnet den Vater, die Mutter, das Kind. :|

3. Klinget mit lieblichem Schalle über die Meere weit,
dass sich erfreuen doch alle seliger Weihnachtszeit,
|: alle aufjauchzen mit einem Gesang. :|

Worte: Friedrich Wilhelm Kritzinger · Melodie aus Thüringen (19. Jh.) · Bearbeitung: M. G.

Guten Abend, schön Abend

1.–3. Gu - ten A - bend, schön A - bend, es weih - nach - tet
schon. 1. Am Kran - ze die Lich - ter, die
leuch - ten so fein, sie ge - ben der
Hei - mat ei - nen hell - lich - ten Schein.

2. |: Der Schnee fällt in Flocken und weiß steht der Wald.
Nun freuet euch alle, die Weihnacht kommt bald. :|

3. |: Nun singt es und klingt es so lieblich und fein.
Wir singen die fröhliche Weihnachtszeit ein. :|

Aus Kärnten · Worte 2. und 3. Strophe: Ilse Naumilkat · Satz: Magdalene Kemlein

Fröhliche Weihnacht überall

1.–3. »Fröh-li-che Weih-nacht ü-ber-all!« tö-net durch die Lüf-te fro-her Schall. Weih-nachts-ton, Weih-nachts-baum, Weih-nachts-duft in je-dem Raum! »Fröh-li-che Weih-nacht ü-ber-all!« tö-net durch die Lüf-te fro-her Schall.

1. Da-rum al-le stim-met in den Ju-bel-ton, denn es kommt das Licht der Welt von des Va-ters Thron.

nach Strophe 3
da capo al fine

2. Licht auf dunklem Wege, unser Licht bist du;
   denn du führst, die dir vertraun, ein zu sel'ger Ruh'.

3. Was wir andern taten, sei getan für dich,
   dass bekennen jeder muss: Christkind kam für mich.

Aus England · Satz: Manfred Grote

202

Maria durch ein Dornwald ging

1. Ma - ri - a durch ein Dorn - wald ging.
Ky - rie e - lei - son. Ma -
ri - a durch ein___ Dorn - wald ging, der___
hat in sieb'n Jahr'n kein Laub ge - trag'n.
Je - sus und Ma - ri - a.

2. Was trug Maria unter ihrem Herzen? Kyrie eleison.
   Ein kleines Kindlein ohne Schmerzen,
   das trug Maria unter ihrem Herzen.
   Jesus und Maria.

3. Da hab'n die Dornen Rosen getrag'n, Kyrie eleison.
   Als das Kindlein durch den Wald getrag'n,
   da hab'n die Dornen Rosen getrag'n.
   Jesus und Maria.

Worte und Melodie aus dem 16. Jh. · Satz: Jochen Wittur

Hört der Engel helle Lieder ④

1. Hört der En - gel__ hel - le Lie - der
   und die Ber - ge__ hal - len wi - der

klin - gen das wei - te__ Feld ent - lang; 1.–3. Glo -
von des Him - mels Lob - ge - sang:

- - - - - - - ri - a

in ex - cel - sis De - o! De - - - o!

2. Hirten, sagt, was ist geschehen, was tun uns die Engel kund?
   Alles Leid könnt jetzt vergehen auf dem weiten Erdenrund.

3. Denn ein Kindlein ist geboren, kommen ist der Heiland dein.
   Er errettet, was verloren, Friede soll auf Erden sein.

Französischer Originaltext:

1. Les anges dans nos campagnes ont entonné l'hymne des cieux.
   Et l'écho de nos montagnes redit ce chant mélodieux:

2. Bergers, grande est la nouvelle, le Christ est né, le Dieu Sauveur!
   Venez, le ciel vous appelle à rendre hommage au Rédempteur!

3. Vers l'enfant qui vient de naître accourons tous avec bonheur!
   Le ciel nous l'a fait connaître; amour au Christ, au Dieu Sauveur!

Aus Frankreich · deutscher Text: Otto Abel (1. Strophe)/Gustav Wirsching (2. und 3. Strophe)

Es ist ein Ros entsprungen

1. Es ist ein Ros entsprungen aus
   einer Wurzel zart.
   Und hat ein Blümlein bracht mitten im kalten
   Winter wohl zu der halben Nacht.

Wie uns die Alten sungen, von
Jesse kam die Art.

2. Das Röslein, das ich meine, davon Jesaja sagt,
   hat uns gebracht alleine Marie, die reine Magd.
   Aus Gottes ew'gem Rat hat sie ein Kind geboren
   welches uns selig macht.

3. Das Blümelein so kleine, das duftet uns so süß;
   mit seinem hellen Scheine vertreibt's die Finsternis:
   Wahr' Mensch und wahrer Gott, hilft uns aus allem Leide,
   rettet von Sünd und Tod.

Worte: 1. und 2. Strophe aus dem 16. Jh., 3. Strophe aus dem 19. Jh. ·
Melodie aus dem 16. Jh. · Satz: Manfred Grote

In dulci jubilo

1. In dul - ci ju - bi - lo, _____ nun sin - get und seid froh! _____ Un - sers Her - zens Won - ne leit in prae - se - pi - o _____ und leuch - tet als die Son - ne ma - tris in gre - mi - o. _____ Al - pha es et O, _____ Al - pha es et O. _____

2. O Jesu parvule, nach dir ist mir so weh. Tröst mir mein Gemüte,
   o puer optime, durch alle deine Güte, o princeps gloriae. Trahe me post te.

3. Ubi sunt gaudia? Nirgend mehr denn da, wo die Engel singen
   nova cantica und die Schellen klingen in regis curia. Eia, wärn wir da!

Worte und Melodie aus dem 14. Jh. · Satz: Thomas Kornfeld

Als ich bei meinen Schafen wacht

2. Er sprach: »Der Heiland Jesu Christ zu Bethlehem geboren ist!«

3. »Das Kindlein liegt in einem Stall und will die Welt erlösen all!«

4. Als ich zum Stalle trat hinein, in Windeln lag das Kindelein.

5. Das Kind zu mir die Äuglein wandt, mein Herz gab ich in seine Hand.

Worte: nach Friedrich von Spee (17. Jh.) · Melodie: Echolied aus Köln (17. Jh.) ·
Satz: Manfred Grote

O du fröhliche

1. O du fröh - li - che, ____ o du se - li - ge, ____ gna - den - brin - gen - de Weih - nachts - zeit! Welt ____ ging ver - lo - ren, Christ ____ ist ge - bo - ren: Du ____ du ____ Freu - e, ____ freu - e dich, o Chris - ten - heit!

2. O du fröhliche, o du selige, gnadenbringende Weihnachtszeit!
   Christ ist erschienen und zu versühnen: Freue, freue dich, o Christenheit!

3. O du fröhliche, o du selige, gnadenbringende Weihnachtszeit!
   Himmlische Heere jauchzen dir Ehre: Freue, freue dich, o Christenheit!

Lateinischer Text:

O Sanctissima, o piissima dulcis Virgo Maria!
Mater amata, intemerata, ora, ora pro nobis.

Nachdichtung:

O du heilige, o du gütige, süße Jungfrau Maria!
Tröste uns Armen, schenk uns dein Erbarmen. Bete, bet für uns, Maria!

Aus Sizilien · Worte: 1. Strophe: Johannes Falk /
2. und 3. Strophe: Heinrich Holzschuher · Bearbeitung: M. G.

Stille Nacht ②

1. Stil - le Nacht! Hei - li - ge Nacht! Al - les schläft,
ein - sam wacht nur das trau - te hoch - hei - li - ge Paar:
»Hol - der Kna - be im lo - cki - gen Haar, schlaf in himm - li - scher
Ruh, _____ schlaf in himm - li - scher Ruh!«

2. Stille Nacht! Heilige Nacht! Hirten erst kundgemacht.
   Durch der Engel Halleluja tönt es laut von fern und nah:
   |: »Christ, der Retter, ist da!« :|

3. Stille Nacht! Heilige Nacht! Gottes Sohn, o wie lacht
   Lieb aus deinem göttlichen Mund, da uns schlägt die rettende Stund,
   |: Christ, in deiner Geburt. :|

Englische Textfassung:

1. Silent night! Holy night! All is calm, all is bright,
   round your virgin and her child, holy infant, so tender and mild,
   sleep in heavenly peace, …

2. Silent night! Holy night! Shepherds quail at the sight,
   glories stream from heav'n afar, heav'nly hosts sing Alleluja!
   Christ the Saviour is born, …

3. Silent night! Holy night! Son of God, love's pure light,
   radiant beams Thy holy face with the dawn of saving grace,
   Jesus, Lord, at Thy birth, …

Worte: Joseph Mohr · Melodie: Franz Gruber · Bearbeitung: M. G.

Tochter Zion

1. Toch - ter ___ Zi - on, freu - - e dich!
Jauch - ze laut, Je - ru - - sa - lem!
Sieh, ___ dein Kö - nig kommt ___ zu dir!
Ja, ___ er kommt, der Frie - - dens - fürst.
Toch - ter ___ Zi - on, freu - - e dich!
Jauch - ze laut, Je - ru - - sa - lem!

2. Hosianna, Davids Sohn,
   sei gesegnet deinem Volk!
   Gründe nun dein ew'ges Reich.
   Hosianna in der Höh'.
   Hosianna, Davids Sohn,
   sei gesegnet deinem Volk!

3. Hosianna, Davids Sohn,
   sei gegrüßet, König mild!
   Ewig steht dein Friedensthron.
   du, des ew'gen Vaters Kind:
   Hosianna, Davids Sohn,
   sei gegrüßet, König mild!

Worte: Johann Escheburg oder Friedrich Heinrich Ranke ·
Melodie: Georg Friedrich Händel

210

Joy to the world ③

1. Joy to the world! The Lord is come: Let earth re-
ceive her King. Let ev – 'ry heart pre-
pare Him room, and heav'n and na – ture
sing, and heav'n and na – ture sing, and
heav'n and heav'n and na – ture sing.

2. Joy to the earth! The Saviour reigns:
   let men their songs employ,
   while fields and floods, rocks, hills and plains,
   repeat the sounding joy,
   repeat the sounding joy,
   repeat, repeat the sounding joy.

3. He rules the world with truth and grace,
   and makes the nations prove
   the glories of His righteousness,
   and wonders of His love,
   and wonders of His love,
   and wonders and wonders of His love.

Aus England · Bearbeitung: M. G.

Adeste, fideles (Herbei, o ihr Gläubigen)

Ad - es - te, fi - de - les, lae - ti tri - um -
1. Her - bei, o ihr Gläu - bi - gen fröh - lich tri - um -

phan - tes, ve - ni - te, ve - ni - te in
phie - rend, o kom - met, o kom - met nach

Beth - le - hem! Na - tum vi - de - te
Beth - le - hem! Se - het das Kind - lein

re - gem an - ge - lo - rum, ve - ni - te ad - o -
uns zum Heil ge - bo - ren! 1.–4. O las - set uns an -

re - mus, ve - ni - te ad - o - re - mus, ve -
be - ten, o las - set uns an - be - ten, o

nite ad-o-re – mus___ Do – mi – num.
las-set uns an-be – ten den Kö – – nig.

2. Du König der Ehren, Herrscher der Heerscharen,
   verschmähst nicht zu ruhen in Mariens Schoß.
   Gott, wahrer Gott, von Ewigkeit geboren!

3. Kommt, singet dem Herren, o ihr Engelchöre,
   frohlocket, frohlocket, ihr Seligen:
   Ehre sei Gott im Himmel und auf Erden!

4. Dir, der du bist heute Mensch für uns geboren,
   o Jesu, sei Ehre und Preis und Ruhm!
   Dir, Fleisch gewor'nes Wort des ew'gen Vaters!

Aus Portugal · deutscher Text: Friedrich Heinrich Ranke · Satz: Thomas Kornfeld

O Tannenbaum

1. O Tan – nen – baum, o Tan – nen – baum, du
trägst ein'n grü – nen Zweig den Win – ter,___ den
Som – mer, das dau'rt die lie – be Zeit.

2. Warum sollt ich nicht grünen, da ich noch grünen kann?
   Ich hab nicht Mutter noch Vater, der mich versorgen kann.

3. Und der mich kann versorgen, das ist der Erde Schoß,
   der lässt mich wachsen und grünen, drum bin ich schlank und groß.

Worte: aus dem 18. Jh. · Melodie: aus dem 16. Jh. · Bearbeitung: M. G.

Tausend Sterne sind ein Dom ④

1. Tau - send Ster - ne sind ein Dom in
stil - ler, wel - ten - wei - ter Nacht. Ein Licht blüht auf im
Ker - zen - schein, das uns um - fängt und glück - lich macht.

2. All dies Schweigen macht uns froh, ein Leuchten durch die Herzen geht.
   Und silbern schwingt der hohe Dom vom Hauch der Weihnacht still umweht.

3. Alles Dunkel sinkt hinweg, wir haben unser Licht entfacht.
   Es leuchtet uns zum neuen Jahr in tiefer, sternverklärter Nacht.

Worte und Melodie: Siegfried Köhler · Satz: Manfred Grote

Still senkt sich die Nacht hernieder

1. Still senkt sich die Nacht her - nie - der. Rings das Land liegt
tief ver - schneit und es klin - gen al - te Lie - der:
O du schö - ne Weih - nachts - zeit! O du schö - ne Weih - nachts - zeit!

2. Steht inmitten weißer Wälder lichtgeschmückt ein grüner Baum.
Lichterbaum der fernen Wälder: |: O du schöner Friedenstraum! :|

3. Stille Nacht – die Sterne künden: Frieden über Flur und Feld;
auch der Mensch soll Frieden finden: |: Frieden, Frieden aller Welt! :|

Worte: Hermann Heinz Wille · Melodie: Gerhard Wohlgemuth

Sind die Lichter angezündet ④

1. Sind die Lich - ter an - ge - zün - det, Freu - de zieht in
je - den Raum; Weih - nachts - freu - de wird _ ver - kün - det
un - ter je - dem Lich - ter - baum. Leuch - te, Licht, mit
hel - lem Schein, ü - ber - all, ü - ber - all soll Freu - de sein.

2. Süße Dinge, schöne Gaben gehen nun von Hand zu Hand.
Jedes Kind soll Freude haben, jedes Kind in jedem Land.
Leuchte, Licht, mit hellem Schein, überall soll Freude sein.

3. Sind die Lichter angezündet, rings ist jeder Raum erhellt.
Weihnachtsfriede wird verkündet, zieht hinaus in alle Welt.
Leuchte, Licht, mit hellem Schein, überall soll Friede sein.

Worte: Erika Engel · Musik: Hans Sandig

Leuchte, mein Licht

1. Wa - rum zün-den wir Lich - ter an in der dunk - len Zeit? Wa - rum rü - cken wir dich - ter zu-sam-men, wenn es drau - ßen schneit? Wa - rum wird das Le - ben schwer, wenn man sich al - lei - ne fühlt? Wa - rum tun Ge - dan - ken manch-mal weh in der Nacht?

1.–3. Leuch - te, mein Licht, leuch - te, mein Le - ben, leuch - te, mein Licht, in der Dun - kel - heit.

2. Manchmal ist alles einfach, dass man's gar nicht glaubt.
Manchmal kann man sich wundern, wie viel man sich traut.
Manchmal aber geht nichts mehr und man kann's nicht sagen.
Manchmal ist man ausgebrannt und weiß nicht, was dann.

3. Jeder hat ein Feuer tief im Herzen drin.
Weihnacht soll die Erinnerung sein, darin liegt ein Sinn:
Was mich ausbrennt, jag ich fort, Freunde können helfen.
Für den Streit ist wenig Zeit, denn schnell droht die Nacht.

Worte und Melodie: Meinhard Ansohn

Macht euch bereit (Fröhliche Weihnacht) ②

1. Macht euch be - reit, macht euch be - reit, jetzt kommt die
2. Jung o - der Alt, Groß o - der Klein, stimmt doch mit
3. Macht euch be - reit, macht euch be - reit, jetzt kommt die

Zeit, auf die ihr euch freut. Bald schon ist
ein! Stimmt doch mit ein! Bald schon ist
Zeit, auf die ihr euch freut. Bald schon ist

Weih - nacht, fröh - li - che Weih - nacht, macht euch be -
Weih - nacht, fröh - li - che Weih - nacht, stimmt doch mit
Weih - nacht, fröh - li - che Weih - nacht, macht euch be -

reit, macht euch be - reit. 2. Ob
ein, stimmt doch mit
reit, macht euch be -

ein! Tan - nen aus dem Win - ter - wald
reit!

schmück - en uns - re Zim - mer bald, brin - gen den Ker - zen - schein

zu uns he - rein.

da capo al fine

Worte und Melodie: Rolf Zuckowski

217

Mary's boy-child (Als aller Hoffnung Ende war) ②

1. Long time a-go in Beth-le-hem so the
1. Als al-ler Hoff-nung En-de war im

Ho-ly Bi-ble say, ___ Ma-ry's boy-child
dunk-len Wel-ten-lauf, ___ da ging im Stall von

Je-sus Christ was born on Christ-mas
Beth-le-hem der Stern der Lie-be

Day. 1.–4. "Hark oh__ hear", the ang-els sing, "a
auf. 1.–3. Hört, es__ klingt vom Him-mels-zelt das
Hört das__ Lied, das nie ver-klingt in

new king born to-day" And man shall live for
Lied der__ Chris-ten-heit, das Lied vom Frie-den
ei-ner__ Welt von Leid, das al-len Her-zen

ev-er-more be-cause of Christ-mas Day. Day.
auf der Welt, denn es ist Weih-nachts-zeit. zeit.
Lie-be bringt, denn es ist Weih-nachts-zeit. zeit.

218

2. While shepherds watched their flocks by night they see a bright new
   shining star, then the herald choir sing, the music seem to come from afar.

3. Now Joseph and his wife Mary came to Bethlehem that night,
   they find no place for to born the child: Not a single room was in sight.

4. By-'n-by they find a little nook in a stable all forlorn,
   and in a manger cold and dark Mary's little boy-child was born.

2. Die Hirten sah'n am Himmelszelt den hohen, hellen Stern.
   Da war der Tag der Herrlichkeit auf Erden nicht mehr fern.

3. Das Kind, das in der Krippe schlief, das lag im hellen Schein.
   Und leise rief der Engel Chor die Hirten all herein.

Worte und Melodie: Jester Hairston · Satz: Manfred Grote

Mary had a baby

2. Where was he born, my Lord …?   5. Laid him in manger, my Lord …
3. Born in a stable, my Lord …   6. What did she name him, my Lord …?
4. Where did she lay him, my Lord …?   7. Named him King Jesus, my Lord …

Spiritual aus den USA

Hark the herald angels sing

1. Hark the her - ald an - gels sing — glo - ry to the new - born King; peace on earth and mer - cy mild, — God and sin - ners re - con - ciled! Joy - ful all ye na - tions rise, — join the tri - umph of the skies; — with th'an - gel - ic host pro - claim, Christ is — born in Beth - le - hem. 1.–3. Hark the her - ald an - gels sing, glo - ry — to the new - born King.

2. Christ, by highest heav'n adored,
   Christ, the everlasting Lord,
   late in time behold Him come,
   offspring of a virgin's womb!
   Veil'd in flesh the Godhead see:
   Hail th' incarnate Deity!
   Pleased as man with man to dwell,
   Jesus, our Immanuel.

3. Mild He lays His glory by.
   Born that man no more may die,
   born to raise the sons of earth,
   born to give them second birth.
   Ris'n with healing in his wings,
   light and life to all He brings.
   Hail the sun of righteousness!
   Hail the heav'n born Prince of Peace!

Worte: Charles Wesley · Melodie: Felix Mendelssohn Bartholdy

The first Noel ③

1. The first___ No - el the_ An - gel did say, was to
   fields___ where they lay_ keep-ing their sheep, on a

cer - tain poor shep-herds in fields as they lay; in _
cold win - ter's night,_ that was_ so

deep. 1.–6. No - el,_____ No - el, No - el, No -

el. Born is the King_ of Is - - ra - el.

2. They looked up and saw a star, / shining in the East, beyond them far, / and to the earth it gave great light, / and so it continued both day and night.

3. And by the light of that same star, / three wise men came from country far; / to seek for a King was their intent, / and to follow the star wherever it went.

4. The star drew night to the North-west, / o'er Bethlehem it took its rest, / and there it did both stop and stay, / right over the place where Jesus lay.

5. Then entered in those wise men three, / full reverently upon their knee, / and offered there, in His presence, / their gold, and myrrh, and frankincense.

6. Then let us all with one accord, / sing praises to our heavenly Lord, / that hath made Heaven and earth of nought, / and with His blood mankind hath bought.

Aus England · Bearbeitung: M. G.

Last Christmas ①

1.–5. Last Christ - mas I gave you my heart. But the
ve - ry next day you gave it a - way. This year to
save me from tears, I'll give it to some-one spe - cial.

1. Once bit-ten then twice shy, ____ I keep my dis-tance, but
you still catch my eye. ____ Tell me ba-by, do you re-cog-nize me?

Well, if it's been a year it does-n't sur-prise me.

Nach der 5. Strophe fade out!

2. Happy Christmas – I wrapped it up and sent it / with a note saying
   "I love you" I meant it. / Now I know what a fool I've been. / But if you
   kissed me now, I know you'd fool me again.

3. A crowded room – friends with tired eyes / hiding from you and your
   soul of ice. / My God! I thought you were someone to rely on me? /
   I guess I was a shoulder to cry on.

4. A face on a lover with a fire in his heart, / a man undercover but you
   tore me apart. / Ooh! Ooh! Now I've found a real love. / You'll never fool
   me again.

5. A face on a lover with a fire in his heart, / a man undercover but you
   tore him apart. / Maybe next year I'll give it to someone, / I'll give it to
   someone special, special, someone …

Worte und Melodie: George Michael

When a child is born ④

1. A ray of hope flit-ters in the sky, a ti-ny

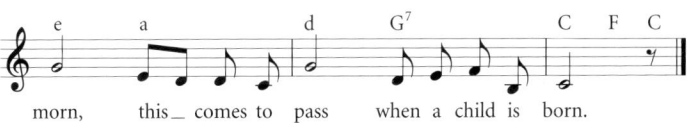

star lights up way up high. All a-cross the land dawns a brand new

morn, this — comes to pass when a child is born.

2. A silent wish sails the seven seas,
   the winds have changed, whisper in the trees
   and the walls of doubt: crumbled, tossed and torn,
   this comes to pass when a child is born.

3. A rosy hue settles all around,
   you've got the theme, you're on solid ground.
   For a spell or two no one seems forlorn,
   this comes to pass when a child is born.

4. *Melodie auf Vokalise singen (Ah ah ah ah …), dazu Text sprechen (einer):*
   And all of this happens,
   because the world is waiting, waiting for one child;
   black, white, yellow, no one knows,
   but a child that could grow up and turn tears to laughter,
   hate to love, war to peace and everyone to everyone's neighbour:
   Misery and suffering would be forgotten forever!

5. It's all a dream and illusion now,
   it must come true sometime soon somehow.
   All across the land dawns a brand new morn,
   this comes to pass when a child is born.

Worte: Fred Jay · Melodie: Zacar

Jingle bells ③

1. Dash-ing through the snow in a one-horse o-pen sleigh,
o'er the fields we go, laugh-ing all the way.
Bells on bob-tail ring, mak-ing spir-its bright, what
fun it is to ride and sing a sleigh-ing song to-night!

1.–3. Jin-gle bells, jin-gle bells, jin-gle all the way!
Oh, what fun it is to ride in a one-horse o-pen sleigh!
Jin-gle bells, jin-gle bells, jin-gle all the way!
Oh, what fun it is to ride in a one-horse o-pen sleigh!

2. A day or two ago I thought I'd take a ride,
and soon Miss Fannie Bright was seated by my side.
The horse was lean and lank, misfortune seemed his lot,
he got into a drifted bank and we, we got upset.

3. Now the ground is white, go it while you're young,
take the girls tonight and sing this sleighing song.
Just get a bobtailed bay, two-forty for his speed,
then hitch him to an open sleigh, and crack! You'll take the lead.

Worte und Melodie: John Pierpont · Bearbeitung: M. G.

We wish you a merry Christmas

1. We wish you a mer-ry Christ-mas, we wish you a mer-ry

Christ-mas, we wish you a mer-ry Christ-mas and a hap-py New

Year. 1.–3. Good tid-ings we bring to you and your kin. We

wish you a mer-ry Christ-mas and a hap-py New Year.

2. |: Now bring us some figgy pudding :|
and bring some out here.

3. |: We won't go until we've got some :|
so bring some out here.

Aus England

Rockin' around the Christmas tree ④

Rock-in' a-round the Christ-mas tree, at the Christ-mas par-ty
Rock-in' a-round the Christ-mas tree, let the Christ-mas spir-it

hop. Mis-tle-toe hung where you can see __ ev-'ry
ring. Lat-er we'll have some pump-kin pie __ and we'll

1. cou-ple tries to stop. 2. do some car-oll-ing.

You will get a sen-ti-men-tal feel-ing when you hear

a voic-es sing-ing, "Let's be jol-ly, deck the halls with

boughs of hol-ly." Rock-in' a-round the Christ-mas tree, have a

hap-py hol-i-day. Ev-'ry-one danc-ing

da capo

1. mer-rid-ly __ in the new old-fash-ioned way.

2. new old-fash-ioned way. __

Worte und Melodie: John D. Marks · Bearbeitung: M. G.

Let it snow

D   A⁷   D

Oh the weath-er out – side is fright – ful. But the
does -n't show signs of stop – ping and I

E⁷   A⁷   H⁷ e   H⁷

fire is so de – light – ful, and since we've no place to
brought some corn for pop – ping, the lights are turned way down

e E⁷ A⁷   1. D

go: Let it snow! Let it snow! Let it snow! It
low: Let it snow! Let it snow! Let it

2. D   A   Fis⁷

snow! When we fin – al-ly kiss good – night, how I'll

h⁷ E⁷   A

hate go-ing out in the storm! But if you real-ly hold me tight,

H⁷   E⁷   A⁷   D   A⁷

all the way home I'll be warm. The fi – re is slow – ly

D   E⁷   A⁷   H⁷

dy – ing and my dear we're still good-bye – ing, but as

e H⁷ e E⁷ A⁷   D

long as you love me so: Let it snow! Let it snow! Let it snow!

Worte: Sammy Cahn · Melodie: Jule Styne

Winter wonderland (Weißer Winterwald) ②

Sleigh-bells ring, are you list-'nin'? In the lane snow is
way is the blue-bird, here to stay is a
Glo-cken-klang aus der Fer-ne, ü-ber uns leuch-ten
Eis hört man knis-tern, weil wir leis nur noch

glist-'nin', a beau-ti-ful sight, we're hap-py to-night,
new bird, he sings a love song, as we go a-long,
Ster-ne, kein Mensch weit und breit, nur wir sind zu zweit,
flüs-tern, wir füh-len uns ganz wie Gre-tel und Hans,

walk-in' in a win-ter won-der-land! Gone a-
walk-in' in a win-ter won-der- land!
wan-dern durch den wei-ßen Win-ter-wald. Schnee und
wan-dern durch den wei-ßen Win-ter- wald.

In the mead-ow we can build a snow-man, then pre-tend that
Lei-se, lei-se fal-len wei-ße Flock-en und ein Reh tritt

he is Par-son Brown, he'll say "Are you mar-ried?" We'll say "No, man!
aus dem Wald he-raus. Brau-ne Au-gen blick-en ganz er-schrock-en.

But you can do the job when you're in town!" La-ter on we'll con-
Ist dir der Wald zu kalt, komm mit nach Haus. Am Ka-min ist ein

spi - re_ as we dream by the fi - re_ to face un - a - fraid the
Pätz - chen, das ge - hört un - serm Kätz - chen. Es teilt es mit dir, dann

plans that we made, walk - in' in a win - ter won - der - land!
wan - dern wir vier_ mor - gen durch den wei - ßen Win - ter - wald.

Worte: Dick Smith · deutscher Text: Knut Schwielow · Melodie: Felix Bernard

Ding dong bells

Kanon für 4 Stimmen

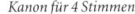

Ding dong bells, ding dong bells, ding dong ding dong bells.

Hear the mer - ry, mer - ry bells, oh hear the din - gle - dong bells.

I hear the mer - ry bells, hear the mer - ry, mer - ry bells, ding dong

bells. Ding dong ding dong ding dong bells.

Aus England

White Christmas (Süß singt der Engel Chor) ③

I'm dream-ing of a white Christ - mas
Süß singt der En - gel Chor Weih - nacht!

just like the ones I used to know, where the
Und drau-ßen rie - selt leis der Schnee. Fest - lich

tree - tops glis - ten and chil - dren lis - ten to
strah - len Ker - zen, in al - len Her - zen ver -

hear sleigh bells in the snow.
gehn Kum - mer heut und Weh.

I'm dream-ing of a white Christ - mas,
Süß singt der Glo - cken Ton Weih - nacht!

with ev - 'ry Christ-mas card I write, may your
Das Fest der Lie - be ist nun da. Und ein

days be mer - ry and bright and may
einz' - ger Wunsch stellt sich ein: Möcht's auf

all your Christ - mas-es be white.
Er - den Frie - den im - mer sein.

Worte und Melodie: Irving Berlin · deutscher Text: Bruno Balz

230

Santa Claus is coming to town ②

You bet-ter watch out, you bet-ter not cry, bet-ter not pout, I'm
mak-ing a list and check-ing it twice, gon-na find out who's

tell-ing you why: San-ta Claus is com-in', __ to town.
naugh-ty and nice. San-ta Claus is com-in' __ to

1.

2.
He's town. _____ He sees you when you're

sleep-in'. __ He knows when you're a - wake. He knows if you've been

bad or good, so be good for good-ness' sake. Oh! You

bet-ter watch out, you bet-ter not cry, bet-ter not pout, I'm

tell-ing you why: San-ta Claus is com-in' __ to town. __

Worte: Haven Gillespie · Melodie: J. Fred Coots

231

Der kleine Trommlerjunge (Little drummer boy) ①

C   G   C

1. Durch die stil - le Nacht, pa ram pam pam pam, _____
1. Come they told _ me, pa rum pum pum pum, _____

(G)   C

da ging ein klei - ner Jun - ge, ram pam pam pam. _____
a new-born king to see, pa rum pum pum pum, _____

G   C   G

Hielt sei - ne Spiel-zeug-trom-mel in _____ der Hand, _____
our fi - nest gifts to bring, pa rum pum pum pum, _____

C   F   C

wollt' zu dem Stal - le, wo die Krip - pe stand, ram pam pam pam,
to lay be - fore the King, pa rum pum pum pum, rum pum pum pum,

G   C   (G)   C

ram pam pam pam, _____ und die Trom-mel klang pa
rum pum pum pum, _____ so to ho - nour Him, pa

G   C

ram pam pam pam, _____ ram pam pam. _____
rum pum pum pum, _____ when we come. _____

2. Liebes Christuskind, pa ram pam pam pam,
bin nur ein kleiner Junge, ram pam pam pam,
wo lauter Könige mit Gaben stehn,
lässt man vielleicht mich gar nicht zu dir gehn,
hab' ja kein Geld, hab' ja kein Geld.
Kann nur trommeln für dich, ram pam pam pam, wenn's dir gefällt.

3. Und vom Himmel hoch, pa ram pam pam pam,
   da kam ein Stern herab, pa ram pam pam pam,
   der führte ihn die stillen Straßen entlang
   und seine kleine Trommel klang und sang,
   ram pam pam pam, ram pam pam pam,
   dass zum Heil der Welt, pa ram pam pam pam, Christus kam.

2. Baby Jesus, pa rum pum pum pum,
   I am a poor boy too, pa rum pum pum pum,
   I have no gifts to bring, pa rum pum pum pum,
   that's fit to give our King, pa rum pum pum pum,
   rum pum pum pum, rum pum pum pum.
   Shall I play for you, pa rum pum pum pum, rum pum pum.

3. Mary nodded, pa rum pum pum pum,
   the ox and lamb kept time, pa rum pum pum pum,
   I played my drums for Him, pa rum pum pum pum,
   I played the best for Him, pa rum pum pum pum,
   rum pum pum pum, rum pum pum pum,
   then He smiled at me, pa rum pum pum pum, rum pum pum.

Worte und Melodie: Harry Simeone/Henry Onorati/Katherine K. Davis ·
deutscher Text: W. Hausmann/A. Schwarzmann/J. Jorges

Das alte ist vergangen

2. Es bring euch Sonn' und Regen, viel Freude allerwegen.

Lied und Satz überliefert

Anmerkungen zu den Liedern

Singespäße

Als wir noch in der Wiege lagen (S. 10) Der Text des Kanons besteht aus zwei Schüttelreimen. Ein Schüttelreim entsteht, indem die Anfangskonsonanten der reimenden Wort- oder Silbenpaare vertauscht werden (z. B. *Wagen liegen/Lagen wiegen*).

Scat-Kanon / Dab daba da (S. 10) Scat-Gesang ist eine ursprünglich afroamerikanische Gesangspraxis. Er entwickelte sich aus der stimmlichen Nachahmung des Instrumentalspiels und spielt vor allem in der Jazz-Musik eine Rolle (z. B. Louis Armstrong, Ella Fitzgerald). Stilbildend wurde der Scat im »Bebop«. Die Stilbezeichnung wurde aus den Scat-Silben *be-bop* abgeleitet .

Anytime you need a calypso (S. 11) Der Calypso ist ein in erster Linie von Rhythmusinstrumenten begleitetes Tanzlied der schwarzen Einwohner auf den Antillen-Inseln Mittelamerikas. Er wurde vor allem durch Harry Belafonte (siehe auch Anmerkungen zu S. 162) weltweit populär und entwickelte sich seit den 1950er-Jahren zum Modetanz.

Rhythm and syncopation (S. 11) Wörtlich übersetzt lautet die Überschrift »Rhythmus und Synkopierung«. Sie bezieht sich auf die in der Kanonmelodie enthaltenen Rhythmen mit vielen Synkopierungen (Betonungsverlagerungen), die typisch für die afroamerikanische Musik sind.

Das Orchester (S. 12) Anfänge des Singens oder Musizierens nach Art eines Quodlibets lassen sich bereits im 13. Jahrhundert nachweisen. Besonders beliebt waren Quodlibets im 17. und 18. Jahrhundert. Aus dieser Zeit sind verschiedene Quodlibet-Sammlungen überliefert worden, zum Beispiel »Das Augsburger Tafelkonfekt« und das »Hochzeits-Quodlibet«, an dem auch J. S. Bach beteiligt war.

Kleines Kanonquodlibet (S. 13) Der Text des Kanons »Nun fanget an« wurde einem Lied des deutschen Komponisten Hans Leo Haßler (1564–1612) entnommen. Horst Irrgang schuf dazu eine neue Melodie. »Lasst die Stimmen« ist mündlich überliefert worden. Beide Lieder können einzeln (als Kanon) oder zusammen (als Quodlibet) gesungen werden.

Kennt ji all dat nije Leid (S. 14) Viele Volkslieder haben einen Bezug zu jahreszeitlichen Begebenheiten und Bräuchen des ländlichen Lebens, so auch dieses Lied aus Norddeutschland (Mecklenburg/Schleswig-Holstein). Es geht um den Schlachttag, der stets ein besonderer Tag im Leben der dörflichen Gemeinschaft war. Scherzend werden die Personen aufgezählt, die von des Pastors geschlachteter Kuh etwas abbekommen sollen. Worterklärungen: *Leid* = Lied; *lei't* = ließen es; *Trainsuldat* = Soldat im Heeresfuhrwesen. Bis heute entstanden über 800 Strophenvarianten und viele unterschiedliche Melodiefassungen. Im Rahmen einer Kampagne gegen die Umweltverschmutzung entstanden z. B. folgende Strophen:
1. *Kennt ji all dat nije Lied, ... von Atom un Blei un Schiet un Herrn Pastorn sin Kau.*
2. *Zink un Blei un de Asbest ... stinkt all mehr als wie de Mest von Herrn Pastorn sin Kau.*
3. *De Kreistag wullt mehr Industrie, ... doch wat schall dat denn för us' Vieh un Herrn Pastorn sin Kau?*

Ich ging einmal spazieren (S. 15) Dieses Volkslied hat sich seit Anfang des 19. Jahrhunderts aus vielen Varianten und Bruchstücken herausgebildet. Die älteste Quelle für den Text stammt von 1817. Obwohl sich Textvarianten bereits schon um die Mitte des 16. Jahrhunderts in Nürnberg finden, ist die genaue Herkunft des Liedes nur schwer zu bestimmen. Es ist im ganzen deutschen Raum in verschiedenen Dialektfassungen (mit bis zu 12 Strophen) verbreitet. Die Melodie stammt von 1840. Die abgedruckte Fassung entspricht der im »Zupfgeigenhansl« von 1908 (siehe auch Anmerkungen zu S. 101).

Bolle reiste jüngst zu Pfingsten (S. 16) Dies ist ein typischer Berliner Gassenhauer in der Art der vor allem ab 1900 bis in die 1930er-Jahre beliebten geselligen, oft recht deftigen Stimmungslieder. Die Schönholzer Heide im Stadtteil Pankow ist ein traditionelles Ausflugsziel der Berliner.

Sabinchen war ein Frauenzimmer (S. 17) »Sabinchen«, erstmals 1849 in einem Liederbuch abgedruckt, ist kein eigentliches Bänkellied. Zu dieser Zeit hatten die Bänkelsänger längst Konkurrenz durch die neuen und massenhaft erscheinenden Zeitungen und Illustrierten bekommen. Es entstanden jedoch weiterhin Lieder im Stil des Bänkelgesangs. Wie »Sabinchen« gab es damals sehr viele Dienstmädchen, die in Haushalten arbeiteten. Ihr Lohn war sehr bescheiden, sie durften die Wohnung nur durch den Hintereingang betreten und wohnten meist in einer kleinen Kammer neben der Küche. Treuenbrietzen ist ein kleiner Ort in der Nähe von Berlin.

Ho, unser Maat (S. 18) Dies ist eines der bekanntesten Shantys. Die Melodie geht zurück auf ein altes irisches Volkslied. Englischer Text:

1. What shall we do with a drunken sailor…, early in the morning?
Refr.: Hurray, and up she rises…, early in the morning!
2. Take him and shake him and try to awake him.
3. Pull out the plug and wet him all over.
4. Put him in the long boat till he's sober.
5. That's what to do with a drunken sailor.

Pull out the plug! = Zieh den Stöpsel heraus!; *long boat* = Beiboot; *sober* = nüchtern.

Hejo, Steuermann (S. 19) In alten Seemannsliedern geht es oft um die fatale Wirkung eines allzu tiefen »Ins-Glas-Schauens«. Der Rum sollte Heimweh, Sturm und Kälte erträglicher machen, führte aber oft zu neuen Problemen.

Ja, so warns, die oidn Rittersleut (S. 20) Texter und Komponist des Liedes ist der berühmte Münchener Komiker Karl Valentin (1882–1948). Valentin schuf unzählige humoristische und hintergründige Sketche, Lieder, Gedichte und Theaterstücke. Meist trat er mit seiner Partnerin Lisl Karstadt auf.

Ich wollt, ich wär ein Huhn (S. 21) Das Lied stammt aus dem Kinofilm »Glückskinder« (1936); in den Hauptrollen: Lilian Harvey und Willi Fritsch, das damalige Traumpaar des deutschen Films. Die Technik, Filme mit Ton zu produzieren und abzuspielen war um 1930 entwickelt worden. So wie in »Glückskinder« erklangen in vielen Tonfilmen der 1930er- und 1940er-Jahre Lieder. Sie waren so beliebt, dass sich für sie ein eigener Begriff durchsetzte: »Tonfilmschlager«. Die Szene, in der das Lied gesungen wird, spielt in einer Küche. Der Komponist des Liedes, Peter Kreuder (1905–1981), gehörte zu den erfolgreichsten deutschen Schlagerkomponisten seiner Zeit.

Mein kleiner grüner Kaktus (S. 22) Dies ist eines der bekanntesten Lieder der Gesangsgruppe (Sextett) »Die Comedian Harmonists« (*comedia*, lat. = Unterhaltung). Als Vorlage diente der französische Schlager »J'aime une Tyrolienne« (»Ich liebe eine Tirolerin«). 1934 wurde die Gruppe vom nationalsozialistischen Regime verboten, da drei ihrer Mitglieder jüdischer Abstammung waren.

Ein Hase saß im tiefen Tal (S. 24) Zu dieser volkstümlichen Melodie gibt es viele Textvarianten. In Norddeutschland ist z. B. eine lustige

Seemanns-Fassung mit der jeweils abschließenden Refrainzeile »… immer hummel, hummel, hummel mit Humor!« verbreitet.

Der Papagei ein Vogel ist (S. 25) Melodie und Text stammen von Peter Ehlebracht, einem Mitglied der Gruppe »Insterburg & Co.«. Die nach ihrem Gründer Ingo Insterburg benannte Gruppe schuf und interpretierte in den 1970er-Jahren viele ähnliche »Blödel-Lieder« und begleitete sie u. a. mit skurrilen selbstgebastelten Musikinstrumenten (z. B. Blasebalg-Dudelsack oder Spazierstock-Horn). Mitglied der Gruppe war auch der Komiker Karl Dall.

Un poquito cantas / Ein klein wenig sing doch (S. 26) Das Lied stammt aus Südamerika. Als »Canario« werden die Bewohner der Kanarischen Inseln bezeichnet. Aussprachehilfen (Spanisch): *ie* in »*vientos*« = beide Vokale einzeln, aber miteinander verbunden sprechen; *c* vor a (»cantas«) = k; *ch* in »*chicas*«, »*machos*« = tsch; *qu* in »*poquito*« = k; *r* in »*sombras*« = gerolltes Zungen-r; *s* in »*sombras*« = stimmlos

Samba Brasil (S. 27) Das portugiesische Wort *Samba* leitet sich ab aus *semba*, der Bezeichnung für Tanz in der Sprache des Kongound Sambesigebiets (Afrika). Samba ist der Name einer Gruppe brasilianischer Tänze afrikanischen Ursprungs. Die Samba wird in raschem Tempo gespielt und ist geradtaktig ($^{2}/_{4}$, $^{4}/_{4}$). Nach dem 1. Weltkrieg wurde die Samba auch in Europa bekannt, um 1950 zum Modeund später (in »geglätteter Form«) zum Standardtanz. Traditionelle Formen des Samba werden in Brasilien auch in »Samba-Schulen« gepflegt und sind fester Bestandteil des brasilianischen Karnevals.

Rock around the clock (S. 28) Durch den Fim »Blackboard Jungle« (1955, deutscher Titel »Saat der Gewalt«) wurde »Rock around the clock« in der Fassung von »Bill Haley and the Comets« zu einem weltweiten Erfolg. Bill Haley (1927–1981) kann als Begründer der Rock-'n'-Roll-Ära angesehen werden. Wichtiges Kennzeichen des Rock 'n' Roll ist die Betonung der unbetonten Taktteile 2 und 4. Um 1955 bildete sich der fast akrobatische Rock-'n'-Roll-Tanz heraus. Die Anregung zu »Rock around the clock« gab der Song »Good rockin' tonight« (1948) des schwarzen Sängers Joe Turner.

Let's twist again (S. 29) Der »Twist« war ein Modetanz der 1960er-Jahre. Er entstand auf Grundlage des Boogie-Woogie-Rhythmus. »Let's twist again« wurde einer der größten Erfolge des Sängers Chubby Checker (geb. 1941). Auch die deutsche Version (»Twist doch mal mit mir«) wurde von Checker gesungen.

Fata Morgana (S. 30) Dies ist ein Song der österreichischen Gruppe »Erste Allgemeine Verunsicherung« (»EAV«), die ihre größten Erfolge in den 1980er-Jahren hatte.
Zechine = alte venezianische Goldmünze; *Muezzin* = Gebetsrufer im Islam.

Wüstenkanon (S. 31) Dieser Kanon kann »in der Art einer vorbeiziehenden Karawane« gestaltet werden (crescendo-decrescendo). Der Text ist in einer lautmalerischen »Phantasiesprache« verfasst.

Don't worry, be happy (S. 32) Der Song, im a-capella-Stil gehalten, wurde der »Ohrwurm« des Jahres 1988. Für den Jazz-Vokalvirtuosen Bobby McFerrin war es der einzige große Hit im Bereich der Popmusik.

Play a simple melody (S. 33) Text und Melodie schuf der amerikanische Schlager-, Film- und Musikalkomponist Irving Berlin (1888–1989) im Jahre 1915. Irving kam als Kind mit seinen jüdischen Eltern aus Russland nach Amerika. »Play a simple melody« wurde 1950 ein großer Hit für den amerikanischen Schauspieler und Sänger Bing Crosby (1904–1977), der den Song mit seinem Sohn Gary sang (siehe auch Anmerkungen zu S. 230).

Kriminal-Tango (S. 34) Dieser Erfolgsschlager des Schweizer Bandleaders, Trompeters und Vibraphonisten Hazy Osterwald (geb. 1922) entstand zusammen mit seinem Sextett im Jahre 1959 und ist inzwischen ein Evergreen. Der um 1900 in der Umgebung der argentinischen Hauptstadt Buenos Aires entstandene Tanz »Tango« wurde in den 1920er-Jahren Mode. Im Gesellschaftstanz gehört der Tango zu den Standardtänzen.

Ob-la-di, ob-la-da (S. 36) Das Lied erschien 1968 auf der Doppel-LP »The Beatles«, dem berühmten »Weißen Album« der Band. Paul McCartney hatte die Worte »Ob-la-di, ob-la-da« von dem nigerianischen Conga-Spieler Jimmy Scott gehört. Sie bedeuten in dessen Stammessprache so viel wie »Das Leben geht weiter«. Scott spielte bei der Aufnahme des Songs Congas. Wegen der Textidee versuchte Scott später Rechte an dem Lied einzuklagen. Als Paul Mc Cartney ihn bei einer Gerichtsverhandlung finanziell unterstützt, ließ er seine Klage fallen. Kurios ist die vierte Strophe. Sie entstand, als McCartney versehentlich sang, dass Desmond (statt Molly) zu Hause blieb und »sein hübsches Gesicht schminkt«. Man fand den Schnitzer gut und so wurde er beibehalten.

Di-bi-dap (S. 37) Scat-Silben können auch nur *gesprochen* werden (ohne Melodie). »Di-bi-dap« ist somit ein *Sprechkanon* (siehe auch Anmerkungen S. 10).

Itsy bitsy teenie weenie (S. 38) 1960 war der Song in der Interpretation durch den Sänger Brian Hyland ein Hit in den USA. Die deutsche Schauspielerin, Entertainerin und Sängerin Caterina Valente (geb. 1931) machte das Lied 1962 in einer deutschsprachigen Duett-Version mit ihrem Bruder Silvio Francesco bekannt. Caterina Valente konnte später auch in den USA Erfolge feiern, unter anderem mit ihrem Lied »The breeze and I«. Der Bikini galt in den 1960er-Jahren als ein »gewagtes« Kleidungsstück. Er wurde nach dem idyllischen Südsee-atoll »Bikini« benannt, das später für amerikanische Atom-Tests genutzt wurde. Honolulu ist die Hauptstadt von Hawaii (Inselstaat der USA im Pazifischen Ozean).

Da da da (S. 40) Die Gruppe »Trio« gehörte zu den erfolgreichsten Vertretern der sogenannten »Neuen Deutschen Welle«, auch kurz NDW genannt. In den 1980er-Jahren entstand in Deutschland ein eigenständiger Popmusikstil, bei dem Nonsens, Albernheiten und formale Einfachheit die prägenden Merkmale waren. Die NDW verstand sich auch als Gegenreaktion auf den oft pathetischen und weltfremden deutschen Schlager. »Da da da« erschien im Jahre 1982 und gehört zu den bekanntesten Songs der NDW. Der Titel hatte auch großen internationalen Erfolg, erreichte z. B. in Großbritannien Platz 2 der Charts (Liste der meistverkauften Schallplatten für einen bestimmten Zeitraum).

Kookaburra (S. 41) Der Kookaburra ist ein in Australien weit verbreiteter taubengroßer Vogel. Sein Ruf klingt wie menschliches Gelächter. Schon der Seefahrer und Entdecker James Cook (1728–1779) wurde vom Kookaburra zum Narren gehalten: Als seine Seeleute an Land gingen, hörten sie das Lachen, glaubten sich von Eingeborenen umzingelt und liefen davon.

Durch Jahr und Tag

Morning has broken (S. 44) In den 1920er-Jahren wurde die englische Dichterin und Komponistin Eleanor Farjeon (1881–1965) gebeten, neue Textfassungen für drei alte geistliche Choräle zu schreiben. Darunter befand sich auch »Morning has broken«. Der britische Gitarrist und Pop-Sänger Cat Stevens (geb. 1948) bearbeitete das Lied Anfang der 1970er-Jahre und machte es weltweit bekannt.

Regen, Tau und Schnee (S. 44) Dieser Kanon ist als *Bewegungskanon* gedacht, z. B.: »*Regen, Tau …*«: Arme/Hände von oben nach unten gleiten lassen; »*wird Wasser …*«: schnelle, fließende Bewegungen; »*lässt die Boote …*«: Arme weit auseinander, ruhig fließende Bewegungen; »*Sonne kommt …*«: große Bewegungen von unten nach oben.

Ev'rybody loves saturday night (S. 45) Zu diesem Lied ist folgende Entstehungsgeschichte überliefert: Die britische Kolonialregierung verhängte für die afrikanische Bevölkerung ihrer westafrikanischen Kolonien eine totale Ausgangssperre. Nur am Samstagabend wurde diese Vorschrift für wenige Stunden aufgehoben. Dieses Lied drückte die Freude auf den Samstagabend, aber auch den Protest gegen die koloniale Willkür aus. In den 1960er-Jahren verbreitete sich das Lied in der ganzen Welt.

Der Mond ist aufgegangen (S. 46) Das Gedicht von Matthias Claudius (1740–1815) ist im Laufe der Jahre von mehr als 20 Komponisten vertont worden. Keine der Weisen ist jedoch so populär geworden wie die von Johann Abraham Peter Schulz (1747–1800).

Moon River (S. 47) Dieses Lied entstammt dem amerikanischen Film »Breakfast at Tiffany« (»Frühstück bei Tiffany«, 1961). Es wurde im Film von der Schauspielerin Audrey Hepburn gesungen.

Auld lang syne / Ein neuer Tag (S. 48) Der englische Liedtext ist ein Gedicht des schottischen Nationaldichters Robert Burns (1759–1796). Die Liedmelodie geht auf eine alte schottische Volksweise zurück. Neben der abgedruckten deutschen Textfassung ist auch folgende Textversion von Claus Ludwig Laue sehr verbreitet:

1. Nehmt Abschied, Brüder, ungewiss ist alle Wiederkehr, die Zukunft liegt in Finsternis und macht das Herz uns schwer. Der Himmel wölbt sich übers Land. Ade! Auf Wiedersehn! Wir ruhen all in Gottes Hand. Lebt wohl! Auf Wiedersehn!

2. Die Sonne sinkt, es steigt die Nacht, vergangen ist der Tag. Die Welt schläft ein und leis erwacht der Nachtigallen Schlag. Der Himmel …

3. So ist in jedem Anbeginn das Ende nicht mehr weit, wir kommen her und gehen hin und mit uns geht die Zeit. Der Himmel …

4. Nehmt Abschied, Brüder, schließt den Kreis, das Leben ist ein Spiel; und wer es gut zu spielen weiß, gelangt ans große Ziel. Der Himmel …
(© Georgs-Verlag, Düsseldorf)

Am Lagerfeuer (S. 49) Ursprünglich gehörte die Melodie zu einem alten ungarischen Hochzeitslied, mit dem die Braut still und nach-denklich ihren Abschied vom Elternhaus besang. Der ungarische Komponist Béla Bartók (1881–1945) verwendete die Melodie in seinem Klavierstück »Adagio« (Sammlung »Für Kinder«).

Oh, wie wohl ist mir am Abend (S. 49) Englische Textfassung:
Oh, how lovely is the evening, is the evening, when the bells are sweetly ringing, sweetly ringing: Ding, dong, ding, dong, ding, dong!

Yesterday (S. 50) Über die Entstehung des Liedes berichtete Paul McCartney (geb. 1942): »*Einmal wachte ich vormittags auf und ging ans Klavier und ich klimperte so dahin und diese Melodie kam daher. Das ist es, was passiert: Sie kommen einfach. Mir fiel aber kein Text dazu ein und ich taufte es ›Spiegelei‹ und so hieß es auch zwei Vormittage lang. Dann kam ich auf ›Gestern‹. Die Worte begannen zu plätschern und wir hatten ein Lied.*« »Yesterday« erschien 1965 auf der Beatles-LP »Help« (Musik zum gleichnamigen Film). Völlig ungewöhnlich für einen Pop-Song und für viele irritierend war, dass der Gesang Paul McCartneys von einem Streichquartett begleitet wurde. Inzwischen ist »Yesterday« einer der erfolgreichsten Songs der Popmusikgeschichte. Es existieren mehr als 2000 Einspielungen des Titels in unterschiedlichsten Bearbeitungen.

As tears go by (S. 51) Dieser Song wurde 1964 für die britische Rocksängerin Marianne Faithfull geschrieben. 1965 produzierten die Rolling Stones selbst eine Einspielung. Das Lied ist ein Beispiel für die »weiche« Stones-Welle, vergleichbar mit dem Beatles-Song »Yesterday«. Textübersetzung: *1. Es ist am Abend des Tages. Ich sitz und seh die Kinder spielen. Gesichter kann ich sehen, sie lächeln, aber nicht für mich. Ich sitz und sehe sie und meine Tränen fließen. 2. Mein Reichtum kann nicht alles kaufen, auch nicht das Singen dieser Kinder. So hör ich nur die Regentropfen, die auf den Boden fallen. Ich sitz und sehe die Kinder und meine Tränen fließen. 3. Es ist am Abend des Tages. Ich sitz und seh die Kinder spielen. Sie tun, was sie früher tat, und machen es doch neu. Ich sitz und sehe sie und meine Tränen fließen.*

Der Winter ist vergangen (S. 52) Der Text des Liedes geht auf eine niederländische Handschrift aus dem Jahre 1537 zurück. Die Melodie entstand um 1600. Der Inhalt des Liedes bezieht sich auf einen Brauch der wandernden Handwerksgesellen: Wie es die Zunftordnung vorschrieb, mussten die Gesellen im Frühling weiterwandern, um Erfahrungen bei unterschiedlichen Meistern an verschiedenen

Orten sammeln zu können. Das fiel denen besonders schwer, die eine Liebste zurücklassen mussten. Als Zeichen der Treue stellten sie einen Maibaum (ein frisch gehauenes - Birkenbäumchen) vor das Fenster der Geliebten.

Der Winter ist vorüber (S. 53) Seit alten Zeiten hat die Menschen der Ruf des Kuckucks als Zeichen des nahen Sommers erfreut. Davon zeugen auch viele Lieder, in denen der Kuckuck eine Rolle spielt. Stets klingt in diesen Liedern das typische Zweiton-Motiv des Kuckucksrufs an (kleine Terz). Das Tessin ist ein Kanton (Bundesland) in der Schweiz. Die Amtssprache im Tessin ist Italienisch.

Italienischer Originaltext:
1. L'inverno e passato, l'aprile non c'e piu, e rotornato il maggio al canto del cucu. Cucu, cucu, cucu, l'aprile non c'e piu, e ritornato il maggio al canto del cucu.
2. Lassu per le montagne, la neve non c'e piu, comincia a far il nido il povero cucu. Cucu…
3. La bella alla finestra la guarda in su e in giu, aspetta il fidanzato al canto del cucu. Cucu…
4. Te l'ho pur sempre detto che maggio ha la virtu di far sentire l'amore al canto del cucu. Cucu…

Nun will der Lenz uns grüßen (S. 54) Neidhart von Reuenthal war ein ritterlicher Lyriker. Er lebte im 13. Jahrhundert in Bayern. Die Melodie des Liedes stammt aus dem 17. Jh. In alten Zeiten war der Winter für viele Menschen eine leidvolle Jahreszeit. Der erlösende Frühling wurde mit Gesang, Tanz und Frühlingsfeuern begrüßt. Der polyphone Satz von Walter Rein (1893–1955) gehört wie dessen Satz zu »Der Winter ist vergangen« (S. 52) zu den populärsten zweistimmigen Volksliedsätzen.

Leise zieht durch mein Gemüt (S. 55) Dieses Lied ist eine der bekanntesten Kompositionen Felix Mendelssohn Bartholdys (1809–1847). Als Lied für Solostimme und Klavier erschien es unter dem Titel »Frühlingsgruß«. Bald wurde das schlichte, einfache Strophenlied zum Volkslied. Der Text entstammt der Gedichtsammlung »Neuer Frühling« von Heinrich Heine (1797–1857).

Maienwind am Abend (S. 55) In diesem Kanon setzen die einzelnen Stimmen jeweils ein, bevor das Kanonthema in der vorhergehenden Stimme vollständig erklungen ist. Dies nennt man *Engführung*.

Rain in may (S. 56) Dieser 1981 entstandene Song gehört zu den Rock-Evergreens. Der Interpret Max Werner ist in erster Linie Schlagzeuger und war u. a. Mitglied der holländischen Klassik-Rock-Gruppe »Ekseption«.

Komm, lieber Mai (S. 57) Der Originaltitel dieses Liedes lautet »Sehnsucht nach dem Frühling«. Wolfgang Amadeus Mozart (1756–1791) komponierte das Lied in seinem letzten Lebensjahr für eine Kinderzeitschrift. Er verwendete die Liedmelodie auch im Schlusssatz seines Klavierkonzertes B-Dur, KV 595.

Wann wird's mal wieder richtig Sommer (S. 58) Der amerikanische Originaltitel des Liedes ist »City of New Orleans«. Im Originaltext geht es um eine Fahrt mit dem Eisenbahnzug von Chicago nach New Orleans. Gesungen wurde das Lied von Arlo Guthrie, dem Sohn des legendären amerikanischen Folkmusikers Woody Guthrie (1912–1967, siehe auch Anmerkungen auf S. 89). Der Refrain des Originaltextes lautet:
Good morning America, how are you? Say, don't you know me, I'm your native son. I'm the train they call the City of New Orleans, I'll be gone five hundred miles when the day is done.

Die deutsche Version wurde durch den TV-Entertainer Rudi Carell in den 1970er-Jahren bekannt gemacht. Die ironische Textpassage »… denn schuld daran ist nur die SPD« bezieht sich auf die damalige Regierungspartei der Bundesrepublik und zielt auf eine verbreitete Einstellung, regierende Politiker für alle Missstände und Probleme der Gesellschaft verantwortlich zu machen.

In the summertime (S. 60) Dieser Song war in der Interpretation durch die englische Gruppe »Mungo Jerry« der internationale Sommerhit des Jahres 1970. Komponist des Liedes ist der Sänger und Gitarrist der Gruppe, Ray Dorset.

Days of summer (S. 61) Das Lied erschien im Jahre 1962 unter dem Titel »Du spielst ne tolle Rolle« (Text: Hans Bradke). Der englische Titel des Songs lautet: »The lazy, hazy, crazy days of summer« (Text: Charles Tobias).
Refrain des englischen Textes:
Roll out those lazy hazy crazy days of summer, those days of soda and brezels and beer. Roll out those lazy hazy crazy days of summer; dust off the sun and moon and sing a song of cheer.

Summertime (S. 62) Im Mittelpunkt der Oper »Porgy and Bess« von George Gershwin (1898–1937) steht die tragische Liebesgeschichte zwischen dem Krüppel Porgy und der schönen Bess. Als bei einem Unwetter viele Bewohner der »Cathfish-Gasse« ums Leben gekommen sind, nimmt Bess ein verwaistes Baby bei sich auf. Sie singt ihm das Wiegenlied »Summertime« als Zeichen dafür, dass sie die Mutterstelle übernommen hat. In diesem Lied verwendet Gershwin typische Elemente des Blues.

I like the flowers (S. 63) Deutsche Textfassung (Siegfried Bimberg):
Leuchten Narzissen in bunter Blumenzeit, lockt uns die Sonne, wir wandern wiesenweit. Wo bunte Blumen stehn, süße Düfte wehn, wir singen unser Sommerlied, di dum, di dum, di dum da da.

Auf, auf zum fröhlichen Jagen (S. 64) Die Melodie des Liedes entstammt einem französischen Jagdlied. Im Jahre 1724 ließ der Reichsgraf von Sporck auf einem seiner böhmischen Güter eine Hubertusjagd (Jagdspiel) für König August den Starken veranstalten. Für diesen Anlass dichtete Gottfried Benjamin Hanke zur Melodie des französischen Liedes einen deutschen Text mit ursprünglich 11 Strophen, von denen 3 Strophen überliefert worden sind.

Bunt sind schon die Wälder (S. 65) Johann Friedrich Reichardt (1752–1814) war neben Johann Abraham Peter Schulz (1747–1800, siehe auch S. 46) und Carl Friedrich Zelter (1758–1832) einer der bedeutendsten Komponisten einer als »Berliner Liederschule« bezeichneten Gruppe von Liedkomponisten. Diese Gruppe wurde 1753 gegründet. Sie setzte sich vor allem für eine Rückbesinnung auf Volkstümlichkeit und Schlichtheit im Liedschaffen ein.

Leer sind die Felder (S. 66) Im Herbst erweist es sich für den Bauern, ob sich die Mühen des Jahres gelohnt haben. Doch wenn auch die Ernte einmal nicht so gut ausgefallen ist, wird das Erntejahr mit einem zünftigen Fest abgeschlossen. Dafür wurde die *Tenne* festlich hergerichtet. Die Tenne ist ein großer Raum in der Scheune, in dem die Wagen mit den vollen Garben zum Dreschen abgestellt wurden. Bevor es Dreschmaschinen gab, diente sie als Dreschplatz (mit Dreschflegeln). Da sie viel Platz bot, wurde nicht selten auch große Familienfeste wie Hochzeiten und Kindstaufen auf der Tenne gefeiert.

Novemberlied (S. 67) Manfred Grote (geb. 1942), u. a. Herausgeber dieses Liederbuches, schrieb das »Novemberlied« im Jahre 1992.

Hejo, spann den Wagen an (S. 67) Zu diesem Kanon werden immer wieder neue Texte erfunden. Eine Nonsens-Fassung der Pfadfinder um 1950 lautet: *Blut, Blut, Räuber saufen Blut! Mord und Brand und Pulverdampf sind gut! Hoch vom Galgen wimmerts, hoch vom Galgen wimmerts!*
Mitte der 1970er-Jahre entstand in der Anti-Atom-Bewegung folgende Textunterlegung: *Wehrt euch, leistet Widerstand gegen das Atomkraftwerk im Land! Schließt euch fest zusammen, schließt euch fest zusammen!*

Heute hier, morgen dort

Das Wandern ist des Müllers Lust (S. 70) Der Text dieses Liedes entstammt dem Gedichtzyklus »Die schöne Müllerin« des Dessauer Gymnasiallehrers und Bibliothekars Wilhelm Müller (1794–1827). Franz Schubert (1797–1828) hat diesen Zyklus im Jahre 1823 für eine Singstimme und Klavier vertont. Im Jahre 1844 schuf der Komponist Carl Zöllner aus Mittelhausen in Thüringen (1800–1860) zum Gedicht »Das Wandern …« eine Liedfassung, die zu einem der bekanntesten deutschen Volkslieder wurde.

Im Frühtau zu Berge (S. 71) Dies ist ein schwedisches Studentenlied aus dem 19. Jahrhundert. Studentenlieder sind seit dem 13. Jahrhundert überliefert. Sie gehörten fest zum geselligen Leben der Studenten. Die Themen waren vor allem Vaterlandsliebe, Wandern, Studium, Liebe, Trinken und Müßiggang.

Hoch auf dem gelben Wagen (S. 72) Zu Zeiten, als die Postsendungen noch mit der Postkutsche befördert wurden, konnte man den Platz neben dem Postkutscher (»Schwager«) zum Mitfahren mieten und kam somit schneller von Ort zu Ort. In der letzten Strophe wird die Fahrt der Postkutsche mit der »Lebensfahrt« verglichen, an deren Ende der Tod statt der Peitsche die *Hippe* (Sense), statt des Posthorns das *Stundenglas* (die Sanduhr) schwingt. Das Lied stammt zu Beginn des 20. Jahrhunderts im Rahmen der »Wandervogelbewegung« (siehe auch Anmerkungen zu S. 101).

Und in dem Schneegebirge (S. 73) Der Text der Strophen 1 und 2 stammt aus dem 16. Jahrhundert, die anderen Strophen wurden später hinzugefügt. Mit der heute gebräuchlichen Melodie (unbekannter Herkunft) wurde das Lied erstmals 1848 im schlesischen Breslau (heute Wrocław/Polen) veröffentlicht. Der Brunnen als Treffpunkt der Liebenden steht in vielen alten Liedern als Symbol für Liebe und Treue.

Der Lindenbaum / Am Brunnen vor dem Tore (S. 74) Im Jahre 1827 komponierte Franz Schubert (1797–1828) den Liederzyklus »Die Winterreise« nach Texten von Wilhelm Müller (siehe auch Anmerkungen zu S. 70). Ein Lied aus diesem Zyklus ist das variierte Strophenlied »Der Lindenbaum« (»Am Brunnen vor dem Tore«). Der Komponist Friedrich Silcher (1789–1860) schuf eine vereinfachte Form dieses Liedes, in der die Melodie in allen Strophen gleich bleibt (Strophenlied). In dieser Fassung wurde »Der Lindenbaum« zum Volkslied.

Stand ein Birkenbaum (S. 75) Für viele russische Volkslieder ist die Moll-Tonalität charakteristisch. Die Melodie dieses Liedes verwendete der russische Komponist Peter Tschaikowski (1840–1893) im 4. Satz seiner Sinfonie Nr. 4, f-Moll als Variationsthema. Neben der deutschen Textfassung und dem russischen Originaltext ist auch eine Transkription des russischen Textes (von der kyrillischen in die lateinische Schrift) abgedruckt.

Es, es, es und es (S. 76) Dieses Lied der Handwerksburschen entstand etwa in der zweiten Hälfte des 17. Jahrhunderts. Bevor ein Geselle seine Meisterprüfung ablegen durfte, musste er mindestens drei Jahre auf Wanderschaft gehen. Er sollte auf diese Weise möglichst viele unterschiedliche handwerkliche Gepflogenheiten kennenlernen. Vielfach wurden die Gesellen von den Meistern ausgenutzt, erhielten schlechte Kost und geringen Lohn. Die Meister wurden als »Krauter« bezeichnet, weil sie den Gesellen oft nur Kartoffeln und Kraut vorsetzten. Mit »Vater« (4. Strophe) wird der Herbergsvater, der Wirt, bezeichnet. Das Lied konnte ständig aktualisiert werden, indem man den Namen des jeweiligen Ortes neu einsetzte (»weil ich aus … muss!«).

Glück auf, Glück auf / Der Steiger kommt (S. 76/77) »Glück auf!« ist der traditionelle Gruß der Bergleute. Er wurde erstmals im 16. Jh. im Erzgebirge verwendet und verbreitete sich von hier aus in die anderen deutschen Bergbauregionen. Auch das »Steigerlied« kommt aus dem Erzgebirge. Es ist inzwischen in vielen unterschiedlichen Fassungen verbreitet. Zwei der bekanntesten sind in diesem Liederbuch abgedruckt. »Steiger« wurde der Schichtführer im Bergbau genannt, er war ein Aufsichtsperson des Grubenherrn.

Ich wandre ja so gerne (S. 78) Der Rennsteig führt 168 km über die Höhen des Thüringer Waldes. Er ist heute einer der bedeutendsten europäischen Wanderwege. Die Bezeichnung »Rennsteig« geht auf den mittelalterlichen Begriff »Rynnstig« (»Rennweg«) zurück. So nannte man jene Pfade, auf denen Kuriere auf kürzestem Wege Königshöfe, Burgen oder Schlösser erreichen konnten. Der Rennsteig war lange Zeit auch Grenzweg zwischen Thüringen und Franken. Herbert Roth (1926–1983) schrieb viele Thüringer Heimatlieder. Sehr bekannt wurde auch sein Lied »Kleines Haus am Wald«.

An der Saale hellem Strande (S. 79) Den Text des Liedes schrieb Franz Kugler (1808–1858) im Jahre 1826 auf der Rudelsburg bei Bad Kösen. Der Komponist des Liedes, Friedrich Ernst Fesca (1789–1826) war Violinist in Kassel und Karlsruhe. Die Saale ist ein Nebenfluss der Elbe. Sie entspringt im Fichtelgebirge und durchfließt in malerischen Windungen vor allem Thüringen und Sachsen-Anhalt. Auf den steilen Höhen des Saaletales entstanden im Mittelalter viele Ritterburgen. An keinem deutschen Fluss außer dem Rhein stehen so viele Burgen wie an der Saale. Zu den bekanntesten zählt die Rudelsburg.

Kaan schinnern Baam (S. 80) Text und Melodie dieses Liedes in erzgebirgischer Mundart wurden mündlich überliefert. Das Erzgebirge ist ein Mittelgebirge beiderseits der deutsch-tschechischen Grenze. Die höchsten Berge sind der Keilberg (Tschechien, 1244 m) und der Fichtelberg (Deutschland, 1214 m). Im Erzgebirge gab es vor allem vom 15. bis zum 17. Jh. Silber- und Eisenerzabbau.

Vuglbärbaam = Eberesche (Vogelbeerbaum); *Kannr* = Kantor (Kirchenmusiker); *drnam* = daneben; *drlaam* = erleben.

Die Lorelei (S. 81) Die Lorelei ist ein Schieferfelsen am Rhein. Bei St. Goarshausen ragt er etwa 132 Meter am Fluss empor. In früheren Zeiten war der Fels eine Gefahr für die Rheinschiffer. Der Sage nach soll die Lorelei eine versteinerte Zauberin sein, die vorbeifahrende Schiffer in ihren Bann ziehen kann. Der Dichter Heinrich Heine (1797–1856) nahm die Lorelei-Sage als Vorlage für sein Gedicht »Ich weiß nicht, was soll es bedeuten«, zu dem Friedrich Silcher die Liedmelodie schrieb.

Heute hier, morgen dort (S. 82) Dieses Lied ist die deutsche Version des amerikanischen Songs »Indian summer«. Hannes Wader (geb. 1942) war einer der ersten deutschen Liedermacher in den 1960er-Jahren. Hannes Wader ging wie viele andere damals auch per Anhalter auf Reisen, war heute hier und morgen dort. Obwohl er bis heute viele Folksongs, Volkslieder und Chansons interpretierte und eine Vielzahl eigener Lieder schuf, ist »Heute hier, morgen dort« aus dem Jahr 1972 sein bekanntestes Lied geblieben.

Wieder hier (S. 83) Marius Müller-Westernhagen (geb. 1948) wurde als Schauspieler (»Theo gegen den Rest der Welt«, Fernsehserie »Tatort«) wie als Musiker und Rocksänger populär. »Wieder hier« (1998) ist ein Beispiel für den »Rockpoeten« Westernhagen. Mit diesem Lied meldete er sich nach längerer schöpferischer Pause bei seinem Publikum zurück.

Hamburger Veermaster (S. 84) Dieses Lied in norddeutschem Dialekt ist ein Shanty, ein

sem Lied meldete er sich nach längerer schöpferischer Pause bei seinem Publikum zurück.

Hamburger Veermaster (S. 84) Dieses Lied in norddeutschem Dialekt ist ein Shanty, ein Arbeitslied der Matrosen aus der Zeit der Segelschiffe.

to my howday = an meinem Festtag; *blow, boys!* = strengt euch an, Jungs!; *Schietgäng* = Schrubbkommando; *Pläseer* = Vergnügen (Pläsier); *Bschüten* = Schiffszwieback; *all* = schon; *Soltfleesch* = Salzfleisch; *Kööm* = Branntwein (Kümmel); *seilen* = segeln; *dree vörut* = drei voraus; *werrer* = wieder; *schanghait* = heimtückisch angeworben

Fährmann, hol über (S. 85) Fährmänner waren vor allem in Zeiten, als es nur wenige Brücken über die großen Flüsse gab, wichtige Leute. Sie sorgten nicht nur für ein sicheres Übersetzen, sondern hatten auch viel zu erzählen, da sie täglich Neuigkeiten erfuhren.

Sailing (S. 85) Dieses Lied der »Sutherland Brothers & Quiver« wurde 1975 in der Interpretation durch Rod Stewart ein »Welthit«. Das im Liedtext enthaltene Bild vom Überqueren des Wassers ist ein Gleichnis für das Hinübergleiten vom Leben zum Tod. Diese Symbolik findet sich auch in vielen Spirituals.

Sloop »John B.« (S. 86) Dieses Shanty (Arbeitslied der Matrosen aus der Zeit der Segelschiffe, siehe auch S. 84 u. 112) ist auf den Bahamas zu einer nationalen Hymne geworden. Die Schaluppe (engl.: sloop) mit dem Namen »John B.« ist ein Schiff, das der Legende nach bei Nassau (Hauptstadt der Bahamas) gesunken sein soll. Weltweit wurde das Lied durch eine Folk-Version der Gruppe »The Weavers« (1950) und vor allem durch die Pop-Version der Gruppe »The Beach Boys« (1966) bekannt. Im Lied geht es um eine Fahrt auf der »Sloop John B.« mit vielen Zwischenfällen: Trunkenheit, Kampf, Diebstahl, Hunger, Heimweh …

Swanee River (S. 87) Dieses Lied vom Heimweh gehört zu den beliebtesten amerikanischen Volksliedern. Der »Swanee River« ist ein Fluss in Georgia und Florida (USA). Steven Collins Foster (1826–1864) schrieb mehr als 200 Lieder, darunter so bekannte wie »Oh, Susanna« (siehe Anmerkungen zu S. 106). »Swanee River« ist auch unter dem Titel »Old folks at home« bekannt.

folks = Angehörige, Freunde; *dreary* = trübe, müde; *roam* = umherschweifen; *a-humming* = summen; *comb* = Bienenschwarm; *strumming* = klingen

Über den Wolken (S. 88) Reinhard Mey (geb. 1942) gehört zu den bekanntesten deutschen

Chanson-Sängern und Liedermachern. In seinen Liedern besingt er heiter, nachdenklich, ironisch und auch kritisch vor allem alltägliche Begebenheiten. Wie stark sein persönliches Erleben und Empfinden für seine Lieder wichtig sind, beschreibt er folgendermaßen: »*Ich glaube, dass 80 Prozent meiner Lieder auf persönliche Beobachtungen oder auf Begebenheiten in meiner Umgebung zurückzuführen sind.*« »Über den Wolken« entstand 1974, nachdem Reinhard Mey eine Privatpilotenlizenz erworben hatte. Der Traum vom Fliegen wurde wahr und hinterließ »Spuren« auch in weiteren Liedern wie z. B. »Lilienthals Traum« (1996), einem Lied zum Andenken an den Flugpionier Otto Lilienthal (1848–1896).

This land is your land (S. 89) Woodrow Wilson (Woody) Guthrie (1912–1967) war eine der bedeutendsten Persönlichkeiten der amerikanischen Folk-Szene. Sein Lied »This land is your land« ist zum Volkslied geworden. Im Laufe der Jahrzehnte entstanden überall auf der Welt unzählige verschiedene Textvarianten, die oft aktuelle Probleme und Begebenheiten widerspiegeln:

a) This land is your land, it once was my land, before we sold you Manhattan Island, You pushed our nations to the reservations. This land was stole by you from me. (Text von Indianern Nordamerikas)

b) This land is their land, it isn't our land, from the Wall Street office to the Cadillac carland. From the plush apartments to the Hollywood starland, this land is not for you and me. (Text aus der amerikanischen Studentenbewegung Ende der 1960er-Jahre)

Mull of Kintyre (S. 90) Paul McCartney (geb. 1942) war Mitglied der »Beatles«. Nach Auflösung der Gruppe (1970) trat er solistisch auf und musizierte zusammen mit seiner Frau Linda in der Gruppe »Wings« (1970–1981). Aus dieser Zeit stammt »Mull of Kintyre« (Gebirgsinsel im Nordwesten Schottlands).

Island in the sun (S. 91) Dieses Lied gilt als inoffizielle Hymne der westindischen Inseln. Der Musiker und Komponist Irving Burgie stammt von der Insel Barbados. Er arbeitete eng mit Harry Belafonte (geb. 1927) zusammen, der »Island in the sun« weltweit bekannt machte.

Liebesfreud und Liebesleid

Kume, kum, geselle min (S. 94) Der Text entstammt den »Carmina Burana« (Gesänge aus dem Kloster Benediktbeuren), einer Hand-

Orff (1895–1982) in seinem Oratorium »Carmina Burana« (1937) vertont.

All mein Gedanken (S. 94) Das Lied gehört zu den ältesten heute noch gesungenen Volksliedern. Es entstammt dem »Lochamer-Liederbuch« (15. Jahrhundert), einer Sammlung von 42 handschriftlich aufgezeichneten Liedern, die nach ihrem ursprünglichen Besitzer, Wolflein von Lochamer, benannt wurde. Dieser hatte in der Sammlung vermerkt: »*Wolflein von Lochamer ist das gesangk puch*« (»Wolflein von Lochamer gehört dieses Gesangsbuch«). Nach der Befreiung Deutschlands vom Nationalsozialismus fand man den Text des Liedes in der Todeszelle eines Konzentrationslagers in einen Balken geritzt, dazu die Anmerkung: »Letzter Gruß an meine geliebte Frau!«

Wach auf, meins Herzens Schöne (S. 95) Der Text dieses Liedes existierte bereits im 16. Jahrhundert. Im Jahre 1525 erfand der Nürnberger Meistersinger Hans Sachs (1494–1576) dazu eine Melodie. Die in diesem Buch abgedruckte Liedfassung ist seit Ende des 18. Jahrhunderts verbreitet und wurde in das im Jahre 1908 herausgegebene Liederbuch der deutschen Jugendmusikbewegung «Der Zupfgeigenhansl« aufgenommen und damit weit verbreitet.

Wenn alle Brünnlein fließen (S. 96) Text und Melodie dieses Liebesliedes wurden um 1850 miteinander verbunden, sind aber sehr viel älteren Ursprungs. Der Text geht auf ein Lied aus dem 16. Jahrhundert zurück. Dieses wiederum beruht auf Vorlagen aus dem Mittelalter. Mit dem *Brunnen* wird in vielen alten Liedern der Treffpunkt der Verliebten beschrieben, er wurde in der Folgezeit zum Symbol für die Liebe überhaupt. Die Textstelle »*und Treten auf den Fuß*« bezieht sich auf einen im 13. Jahrhundert üblichen Rechtsbrauch insbesondere bei Trauungen, durch den der Mann seinen Besitzanspruch an die Frau ausdrückte. Der Anfang der Melodie ist eine beliebte und oft verwendete Melodiefloskel. Wolfgang Amadeus Mozart (1756–1791) nutzte sie 1791 in seiner Oper »Die Zauberflöte« für die Papageno-Arie (»*Ein Mädchen oder Weibchen wünscht Papageno sich*«). Das Lied »Üb immer Treu und Redlichkeit« beruht ebenfalls auf diesem Motiv.

Es waren zwei Königskinder (S. 97) Die Geschichte von den Liebenden, die nicht zueinander kommen können, findet sich schon in der altgriechischen Mythologie. Die Sage von Hero und Leander schildert, wie das Liebespaar durch den Hellespont, die Verbindung von Mittelmeer und Schwarzem Meer,

getrennt war. Seit dem 15. Jahrhundert waren Balladen mit ähnlicher Thematik in ganz Europa bekannt und beliebt. Von »Es waren zwei Königskinder« existierten verschiedenste Textvarianten (bis zu 20 Strophen) und unterschiedliche Melodie-Fassungen. 1804 erschien das Lied auf der Grundlage einer niederrheinisch-westfälischen Fassung zum ersten Mal als Druck in deutscher Sprache. Die heutige Fassung des Liedes entwickelte sich aus einer Version mit zwölf Strophen, die der Dichter August Heinrich Hoffmann von Fallersleben (1798–1874) im Jahre 1819 aufgezeichnet hat.

Muss i denn zum Städtele hinaus (S. 98) Gedruckt wurde das Lied zum ersten Mal 1827 in der Volksliedersammlung des Tübinger Liedforschers Heinrich Silcher (siehe auch Anmerkungen zu S. 74)). Es stammt aus dem Remstal im Odenwald (Schwaben), wo es im 18. Jahrhundert noch mit dem Text »*Muss ich dann zu dem Dörflein hinaus*« gesungen wurde. Auf die Bitte Silchers hin textete der Tübinger Student Heinrich Wagner eine zweite und dritte Strophe. In dieser Fassung wurde das Lied so beliebt, dass es mit der Zeit zum Inbegriff des Abschiedsliedes wurde. So erklingt es z. B. seit Jahrzehnten oftmals beim Ablegen der Überseeschiffe im Hafen. Viele nach 1933 durch die Nazis zur Flucht gezwungene Juden verließen unter den Klängen dieses Liedes ihre Heimat Deutschland. Elvis Presley (1935–1977) lernte das Lied nach dem 2. Weltkrieg als amerikanischer Soldat in Deutschland kennen. Seine wehmütige Version »I don't have a wooden heart« (Ich habe kein Herz aus Holz) sprach vielen der fernab ihrer Heimat stationierten Soldaten aus dem Herzen. 1961 wurde »Wooden heart« in der Interpretation durch den Sänger Joe Dowell zum zweiten Mal ein US-Hit.

Sah ein Knab ein Röslein stehn (S. 99) Das berühmte Gedicht Johann Wolfgang von Goethes (1749–1832) wurde mehr als 50-mal vertont, u. a. von so bekannten Komponisten wie Johann Friedrich Reichardt (1752–1814), Franz Schubert (1797– 1827) oder Robert Schumann (1810–1856). Zum Volkslied wurde es in der Vertonung des Braunschweiger Musiklehrers und Chorleiters Heinrich Werner. Veröffentlicht wurde das Lied erstmals 1829. Werner erlebte den Erfolg seiner Komposition nicht mehr. Das Gedicht Goethes erschien zum ersten Mal 1789 im 8. Band seiner Schriften. Erste Entwürfe fertigte Goethe jedoch schon in seiner Zeit in Sesenheim an, als der 22jährige das alte Volkslied »Sie gleicht wohl einem Rosenstock« aus dem 16. Jahrhundert in einem alten Liederbuch entdeckte. In diesem Lied fand er entscheidende Anregungen, u. a. das Bild vom Knaben, der das Röslein bricht.

Dat du min Leevsten büst (S. 100) Dieses als typisch norddeutsches Volkslied bekannte Liebeslied entstand um 1845 in Schleswig-Holstein. Die Melodie wurde dem älteren Volkslied »Lasst uns, ihr Brüder« entlehnt.

min Leevsten = mein Liebster; *dat du wul weest* = das weißt du wohl; *segg, wo du heest* = sag, wo du wohnst (hausest); *Klock een* = um ein Uhr; *dat deit* = das tut

Ade zur guten Nacht (S. 101) Erstmals 1847 im »Deutschen Lieder- und Commersbuch« erschienen, entwickelte sich das Lied zu einem beliebten und oft gesungenen Abschiedslied. Ursprünglich wohl ein Abschiedslied der wandernden Handwerksgesellen, kann die Zeile »*Jetzt ist der Schluss gemacht*« (»Jetzt ist der Entschluss gefasst«) in den Revolutionsjahren um 1848 auch als verschlüsselte Botschaft für den Entschluss zum Handeln verstanden worden sein. Größte Verbreitung fand das Lied durch die Aufnahme in das 1908 zum ersten Mal erschienene Liederbuch »Der Zupfgeigenhansl« der so genannten »Wandervogelbewegung«. Diese Sammlung hat das Singen von Volksliedern zu Anfang des 20. Jahrhunderts wieder populär gemacht. Um die Jahrhundertwende war das Wandern ein Symbol für den jugendlichen Aufbruch, für die Rückbesinnung auf die Natur in einer zunehmend industrialisierten Welt.

Horch, was kommt von draußen rein (S. 102) Viele Angaben verweisen auf die badische Pfalz/Schwaben als Ursprungsort dieses Liedes. Erste Hinweise finden sich allerdings im ostdeutschen Raum. Einzelne Textpassagen sind in einem 1876 in Plauen (Sachsen) erschienenen Buch mit Rund- und Reimsprüchen aus dem Vogtland enthalten. 1885 ist das Lied vollständig in einem Studentenliederbuch aus Halle abgedruckt. Der Komponist Gustav Mahler (1860–1911) bezog im Jahre 1885 die 3. Textstrophe in seinen Liederzyklus »Lieder eines fahrenden Gesellen« mit ein.

Kein Feuer, keine Kohle (S. 103) Der Ursprung des Liedes liegt vermutlich in Schlesien. Teile des Textes finden sich auf »Fliegenden Blättern« (Vorstufen der Zeitung) aus den Jahren 1786 und 1791. Ursprünglich gehörten diese Textpassagen zu dem Volkslied »Ein Schäfer trägt Sorgen«. Versehen mit einer anderen, älteren Melodie erschien »Kein Feuer, keine Kohle« erstmals 1807 in einer Sammlung mit deutschen Volksliedern in Berlin.

Es ist ein Schnee gefallen (S. 104) Der Ursprung dieses Liedes lässt sich bis um 1535 zurückverfolgen. Winter und Schnee galten in alten Liedern und Gedichten auch als Symbole für verhinderte, unerfüllte Liebe.

Das Lieben bringt groß Freud (S. 104) Vermutlich stammt dieses Lied aus dem 18. Jahrhundert. Der deutsche Volksliedsammler und Komponist Friedrich Silcher (siehe auch Anmerkungen zu S. 74) veröffentlichte das Lied 1927. Seitdem gehört es zu den bekanntesten deutschen Volksliedern.

Tiren gelir / Da kommt der Zug (S. 105) Wie in diesem in der Türkei sehr beliebten und bekannten Lied gilt die rote Rose in vielen Kulturen als Symbol der Liebe, während der Schnee oft ein Gleichnis ist für verborgene oder verhinderte Liebe, für das Warten auf das Glück (siehe auch Anmerkungen zu S. 104). Der »Erciyas« liegt in Zentral-Anatolien und ist mit 3916 Metern einer der höchsten Berge der Türkei.

Oh, Susanna (S. 106) Stephen Collins Foster (1826–1864) gehört zu den bedeutendsten amerikanischen Liedkomponisten des 19. Jahrhunderts. Wie in »Oh, Susanna« handeln seine mehr als 200 Lieder vom Leben in den Südstaaten Amerikas, in denen die Sklaverei und damit das schwere Los der Schwarzen noch lange andauerte. »Oh, Susanna« sang eine farbige Vokalgruppe erstmals bei einem Gesangswettbewerb um das »beste empfindsame Lied 1847« in Pittsburgh (USA). Auch unter den Goldsuchern in Kalifornien war das Lied sehr beliebt.

buckwheat = Buchweizen

Greensleeves (S. 107) Diese alte schottische Ballade stammt aus dem 16. Jahrhundert. Das Lied gehört zu den bekanntesten Liebes- und Volksliedern nicht nur in England. Man hat vermutet, dass König Heinrich VIII. der Verfasser ist. (Heinrich VIII. überwarf sich seinerzeit mit dem Papst, weil dieser nicht in seine Ehescheidung einwilligte.) Das Lied besticht durch die Schönheit der Sprache, was bereits auf die sich ankündigende Kulturblüte in Schottland und England hinweist: William Shakespeare wird 1564 geboren. Der berühmte Dramatiker erwähnt das Lied zweimal in seinem Theaterstück »Die lustigen Weiber von Windsor« (1600). Greensleeves (*green* = grün; *sleeves* = die Ärmel), ist ähnlich dem Rotkäppchen aus Grimms Märchen ein Kosename.

(1.) *to cast me of* = mich fallen lassen; *discourteously* = unhöflich; *delight* = Vergnügen, Freude, Entzücken; (2.) *to intend* = beabsichtigen; *thus* = also; *to disdain* = verachten; *to*

243

enrapture = entzücken; *captivity* = Gefangenschaft, Knechtschaft; (3.) *wanton* = zügellos, rücksichtslos; *vanity* = Eitelkeit, Stolz; *insincerity* = Unaufrichtigkeit, Falschheit; (4.) *to prosper thee* = dich zu segnen.

Drei junge Trommler (S. 108) Wie in diesem alten französischen Lied geht es in Liebesliedern oft auch um den Stolz der Liebenden: Nicht Hab und Gut sollen entscheiden, wer zueinander findet, sondern die Liebe. Trommler waren bis ins 19. Jahrhundert fester Bestandteil der militärischen Truppen. Sie sorgten für den Gleichschritt beim Marschieren und hielten die Soldaten zum Kampf an.

To i hola (S. 109) In alten Zeiten erhielten junge Mädchen zur Hochzeit von ihren Eltern eine »Mitgift« (Mitgabe zur Ausstattung des neuen Hausstandes). Wer aber aus armem Hause kam und keine Mitgift vorweisen konnte, hatte es oft schwerer, einen »schmucken Reiter« zu finden.

Tancuj (S. 110) Synkopen (Betonungsverlagerungen) und Sequenzen (Wiederholung von Melodieabschnitten auf unterschiedlichen Tonstufen) gehören zu den typischen Merkmalen tschechischer Volkslieder. Daran haben auch die tschechischen Komponisten Bedřich Smetana (1824–1884) und Antonín Dvořák (1841–1904) in ihren Werken angeknüpft.

Katjuscha (S. 111) Dieses Lied ist aufgrund seines schwungvollen und volkstümlichen Charakters so beliebt und bekannt geworden, dass man es für ein altes russisches Volkslied halten könnte. Entstanden ist es jedoch erst in den 1930er-Jahren. Der Komponist Matwej Blanter gehörte zu den beliebtesten Liederkomponisten der damaligen Sowjetunion. Seine Erfahrungen als Komponist von Tanzmusik und Operetten flossen in seine Liedkompositionen ein. »Katjuscha« war eines der Lieblingslieder der sowjetischen Soldaten während ihres Vormarsches gegen Nazi-Deutschland im 2. Weltkrieg. Zum Lied wird gerne der russische Volkstanz »Kasatschok« getanzt. Dieser reine Männertanz hat seinen Ursprung in den Tänzen der Kosaken. Seine Kennzeichen sind schnelle Schritte und Sprünge, die oft auch in der Hocke ausgeführt werden.

My Bonny is over the ocean (S. 112) Dieses alte Seefahrerlied stammt aus Schottland. Mit »over the ocean« ist neben der Bedeutung »sich auf dem Meer befinden« auch ganz konkret das Hängen in den Segeln und Tauen eines Schiffes weit hoch »über dem Ozean« gemeint. Bis zur Erfindung der Dampfmaschine und ihrer Verwendung in Dampfschiffen wurden die Weltmeere mit Segelschiffen befahren. Seefahrerlieder, die sogenannten Shantys (vom französischen Wort *le chant* = Gesang), waren Arbeitslieder (Worksongs), die die schweren Arbeiten an Deck wie z. B. das Einholen des Ankers und des Beibootes, Wendemanöver oder das Setzen der Segel erleichterten.

Die Lieder dienten aber auch zur Unterhaltung (siehe auch S. 84 u. 86). Anfang der 1960er-Jahre schaffte eine Rock-'n'-Roll-Version von »My Bonnie« den Einzug in die internationalen Hitparaden. Interpret war Tony Sheridan, der damals kurzzeitig zu den »Beatles« gehörte. (Die übrigen, damals noch unbekannten »Beatles« waren ebenfalls an den Aufnahmen beteiligt.)

Careless love (S. 113) Diese alte Ballade englischer Einwanderer Amerikas – inzwischen ein traditioneller amerikanischer Folksong – wurde über die Grenzen Amerikas hinaus vor allem durch die Interpretation der Gruppe »The Carter Family« (seit 1927) bekannt, die viele alte Songs und Balladen sammelte und so vor dem Vergessenwerden bewahrte. Das englische Wort »careless« hat feine und wie hier in Verbindung mit dem Wort »Liebe« sehr unterschiedliche Bedeutungen: Mit »*careless love*« kann eine *nachlässige, unvorsichtige* und *unachtsame Liebe* gemeint sein, eine *leichtsinnige, unbekümmerte* und *gleichgültige,* eine *unbedachte* oder auch eine *sorgenfreie* und *fröhliche.* Bluesmusiker interpretierten »Careless love« oftmals neu und gaben dem Lied einen aggressiveren Textinhalt: Aus »*Once I wore my apron low*« (»Einst trug ich meine Schürze [=Schutz] tief«) wurde z. B. »*You tied me to your apron string*« (»Du fesseltest mich zu deinem Gängelband [»*apron string*«]).

Scarborough fair (S. 114) Diese Ballade aus dem Norden Englands wurde zum ersten Mal 1673 in einem Liederbuch veröffentlicht. Das Lied handelt scherzend und parodistisch von den oft überzogenen Erwartungen, die Männer und Frauen an ihre Partner knüpfen. Weltweit populär machten das Lied 1966 die amerikanischen Gitarristen und Sänger Paul Simon und Art Garfunkel, bekannt auch als »Simon & Garfunkel«. Textübersetzung (Ian Watson):

1. Fährst du nach Scarborough zum Markt, dann bring mich mal bei einer in Erinnerung, die da wohnt. Sie war einmal meine Geliebte. 2. Sag ihr, sie soll mir ein Batist-Hemd nähen, ein Hemd ohne Saum und Naht, dann darf sie wieder meine Geliebte sein. 3. Sag ihr, sie soll es im trockenen Brunnen waschen, wo es nie Wasser gab und nie Regen fiel. Dann darf sie wieder meine Geliebte sein. 4. Sag ihr, sie soll es am Dornbusch zum Trocknen hängen, der seit Adams Zeit nie blühte. Und dann darf sie wieder meine Geliebte sein. 5. Wirst du mir einen Hektar Land finden, oder nie mein Geliebter sein. 6. Wirst du es mit einem Lammhorn pflügen und das Ganze mit einem einzigen Pfefferkorn besäen? Oder nie mein Geliebter sein. 7. Wirst du es mit einer Sense aus Leder mähen und das Ganze mit einer Pfauenfeder binden? Oder nie mein Geliebter sein. 8. Und wenn du mit dort Arbeit fertig bist, kannst du vorbeikommen und dein Batist-Hemd abholen. Und dann wirst du mein Geliebter sein.

Song, sung blue (S. 115) Der Interpret, Texter und Komponist Neil Diamond (geb. 1945) erzielte mit diesem Song im Jahre 1972 einen internationalen Hit. In den USA erreichte »Song, sung, blue« sogar Platz 1 der Charts (Hitparaden). Diamond schrieb auch viele Songs für andere Interpreten (z. B. für die Gruppe »The Monkeys«) und komponierte Filmmusik.

blue = hier: traurig; *to weep* = sich wiegen; *willow* = Weide (Baum); *pillow* = (Kopf-)Kissen; *choice* = Wahl

Aux Champs-Elysées (S. 116) Die Champs-Elysées ist eine der berühmtesten Straßen in Paris. Anfangs- und Endpunkt dieser breit angelegten Prachtstraße sind der »Place de l'E-toile« (Sternplatz) mit dem »Arc de Triomphe« (Triumphbogen) und der »Place de la Concorde« (Platz der Eintracht). Auf der Champs-Elysées befinden sich die vornehmsten Geschäfte und die bekanntesten Cafés, Restaurants und Hotels von Paris. Die Stadt gilt weltweit als »Stadt der Liebenden«. Weithin bekannt wurde das Lied in der Interpretation durch den französischen Chanson- und Pop-Sänger Joe Dassin (1938–1980).

Plaisir d'amour / The joys of love (S. 117) Dieses französische Liebeslied stammt aus der zweiten Hälfte des 18. Jahrhunderts. Im Original besteht es aus mehreren unterschiedlichen Melodieteilen, die nach den Regeln des Rondos (A B, A C, A D ... A) aufeinanderfolgen. In diesem Liederbuch ist eine Fassung abgedruckt, die lediglich die Refrainmelodie des Originals (Teil A) verwendet. Sie wurde durch die amerikanische Liedermacherin und Folksängerin Joan Baez bekannt gemacht. Aber auch andere bekannte Interpreten wie Judy Collins oder Elvis Presley sangen diese Version. Thema des Liedes ist die Liebe (»*Der Liebe Lust dauert nicht mehr als einen Moment. Das Leid der Liebe dauert das ganze Leben*«). Der französische Komponist Hector Berlioz (1803–1869) fertigte eine Orchesterfassung des Liedes an.

Ich lieb dich mehr und mehr (S. 118) Thomas Natschinski (geb. 1947) gehörte in den 1960er-Jahren mit seiner Gruppe »Team 4« zu den ersten (Beat-) Rockmusikern in der DDR. Er komponiert für Film, Fernsehen und Musical, schreibt Chansons und Pop-Songs.

Ohne dich (S. 119) »Ohne dich« war der größte Hit der deutschen Popgruppe »Münchner Freiheit«. Die Gruppe benannte sich nach einer Münchener U-Bahn-Station.

Matilda (S. 120) Der Text ist durchsetzt mit dem speziellen Dialekt der einheimischen Bevölkerung Trinidads, bei dem sich die Sprache der ehemaligen Kolonialmacht England und die spanisch gefärbte Landessprache vermischen: *de money* = the money; *take me cat and hoss* = took my cart (= Karren) and horse. Bekannt geworden ist das Lied durch Harry Belafonte. 1968 erschien eine deutschsprachige Version in der Interpretation von Udo Jürgens (geb. 1934).

Come back Lisa (S. 121) Dieses traditionelle jamaikanische Lied steht im Calypso-Rhythmus. Der Calypso ist ursprünglich ein Tanzlied der farbigen Einwohner auf den Antillen. In den 1950er-Jahren wurde er zunächst in den USA, dann auch in Europa zum Modetanz.

Liebeskummer lohnt sich nicht (S. 122) Dies ist ein Beispiel für den unbekümmerten Stil vieler deutscher Schlager der 1960er-Jahre. In der Interpretation durch die schwedische Schlagersängerin Siw Malmquist wurde das Lied Siegertitel beim Schlagerfestival Baden-Baden 1964.

Sieben Himmel (S. 123) Dieses Lied ist in enger Zusammenarbeit der Autoren mit Schülern des Karl-Liebknecht-Gymnasiums Frankfurt/Oder entstanden.

Hey Jude (S. 124) 1968 verließ der Beatle John Lennon seine Frau Cynthia und seinen Sohn Julian. Paul McCartney hielt weiter engen Kontakt zur Familie, insbesondere zu dem fünfjährigen Julian, den er sehr mochte und um dessen Zukunft er sich sorgte. Während einer Autofahrt zum Haus der Lennons begann er »*Hey Julian*« und »*Hey Jules*« und tröstende Sätze wie »*Don't make it bad. Take a sad song and make it better*« zu singen. Als McCartney den Text später weiter ausarbeitete, wechselte er ›Jules‹ gegen ›Jude‹ aus, weil er meinte, dass dieser Name besser klingt. Julian Lennon machte in den 1980er-Jahren eine beachtliche Karriere als Sänger und Songschreiber. »Hey Jude« war mit 7 Minuten (4 Minuten davon über die letzten vier Takte) eines der längsten Stücke der Beatles und mit fünf Millionen verkauften

Platten allein im Jahre 1968 die erfolgreichste Beatles-Single überhaupt.

Lady in black (S. 125) Mit diesem Song aus dem Jahre 1971 landete die englische Hard-Rock-Gruppe »Uriah Heep« ihren größten Hit. Es war erst die zweite Plattenveröffentlichung der Band. Zwischen 1971 bis 1977 wurde »Lady in black« allein in Deutschland dreimal wiederveröffentlicht und erreichte dort 1977 mit Platz 5 die höchste Chart-Position. Insbesondere der Refrain machte den Song zum »Ohrwurm«.

True love / Deine Liebe (S. 126) Bing Crosby und Grace Kelly sangen diesen Song in dem Cole-Porter-Filmmusical »High Society« (1956). Der Film wurde in Deutschland unter dem Titel «Die oberen Zehntausend« bekannt.

Love me tender (S. 127) Der Song erklang im gleichnamigen Kinofilm von 1956. Für den Hauptdarsteller, den Rock-'n'-Roll-Star Elvis Presley (1935–1977), war es sein Film-Debüt. Der Film, ein Western, spielt während der Zeit des amerikanischen Bürgerkrieges. Als Melodievorlage für »Love me tender« diente der traditionelle amerikanische Folksong »Aura Lee«.

Miteinander

Kein schöner Land (S. 130) Anton Wilhelm Florentin von Zuccalmaglio (1803–1869) war einer der bedeutendsten Sammler, Bearbeiter und Interpreten von Volksliedern im 19. Jahrhundert. Die Melodie des Liedes »Kein schöner Land« entstand in Anlehnung an zwei ältere deutsche Volkslieder.

Wer möchte nicht im Leben bleiben (S. 131) Kurt Schwaen (geb. 1909) wurde u. a. durch seine Kantate »König Midas« bekannt. Das Lied »Wer möchte nicht im Leben bleiben« schrieb er für den Film »Sie nannten ihn Amigo«.

Das Lied der Deutschen (S. 132) In der Liedmelodie finden sich Anklänge an überlieferte Volks- und Kirchenlieder. Joseph Haydn (1732–1809) schrieb die Liedmelodie unter dem Eindruck der Niederlage der habsburgischen Truppen im Kampf gegen die Franzosen im Jahre 1797 auf den Text »Gott erhalte Franz, den Kaiser«. Er verwendete die Melodie auch als Variationsthema in seinem Streichquartett C-Dur, op. 76, Nr. 3 (»Kaiserquartett«). 1841 schrieb der Dichter Hoffmann von Fallersleben (1798–1844) drei neue Textstrophen zu Haydns Melodie. 1922 erklärte der deutsche Reichspräsident Friedrich Ebert diese Fassung zur deutschen Nationalhymne. Nach der Grün-

dung der Bundesrepublik Deutschland im Jahre 1949 sollte eine neue Hymne eingeführt werden, da der Text H. v. Fallerslebens durch den Nationalsozialismus belastet worden war. Im Jahre 1952 wurde jedoch vom damaligen Bundespräsidenten Theodor Heuß das »Lied der Deutschen« wieder als Nationalhymne (der Bundesrepublik Deutschland) eingeführt. Allerdings wurde bei staatlichen Anlässen nur die 3. Strophe gesungen. In der DDR wurde das Lied »Auferstanden aus Ruinen« (Text: Johannes R. Becher, Melodie: Hanns Eisler) 1949 zur Nationalhymne erklärt. Seit 1991 ist die 3. Strophe des »Liedes der Deutschen« die Nationalhymne des wiedervereinigten Deutschland. 1841 textete Hoffmann von Fallersleben unter dem Eindruck der Uneinigkeit der deutschen Fürstentümer und Staaten die Strophen 1 (*Deutschland, Deutschland, über alles, über alles in der Welt! Wenn es stets zu Schutz und Trutze brüderlich zusammenhält, von der Maas bis an die Memel, von der Etsch bis an den Belt. Deutschland, Deutschland, über alles, über alles in der Welt!*) und 2 (*Deutsche Frauen, deutsche Treue, deutscher Wein und deutscher Sang sollen in der Welt behalten ihren alten, schönen Klang, uns zu edler Tat begeistern unser ganzes Leben lang. Deutsche Frauen, deutsche Treue, deutscher Wein und deutscher Sang!*)

Freude, schöner Götterfunken (S. 133) Die »Ode an die Freude« von Friedrich Schiller (1759–1805) ist ein inniges Bekenntnis zum glücklichen, friedlichen Zusammenleben aller Menschen. Ludwig van Beethoven (1770–1827) vertonte das Gedicht im Schlusssatz seiner 9. Sinfonie (komponiert zwischen 1817 und 1823). Im Jahre 1971 erklärte der Europarat »Freude, schöner Götterfunken« zur »Europäischen Hymne«. Sie erklingt bei wichtigen europäischen Ereignissen.

Zogen einst fünf wilde Schwäne (S. 134) Dieses Volkslied aus Litauen wurde in Deutschland in der Nachdichtung von Karl Plenzat im Jahre 1917 bekannt. Besondere Bedeutung erlangte es seit den 1960er-Jahren in seiner Ausdeutung als Antikriegslied.

Es geht ein dunkle Wolk herein (S. 135) Dieses Lied entstand im Dreißigjährigen Krieg (1618–1648). Den Menschen erschienen die Schrecken des Krieges wie ein großes, lang andauerndes Unwetter. Die »dunkle Wolk« ist ein Symbol für den Krieg und seine Unheil stiftende Wirkung. Das Lied ist in einer Liederhandschrift des Benediktinerpaters Johann Werlin aus dem Jahre 1646 überliefert worden.

Kranichlied (S. 136) Am 6. August 1945 wurde die japanische Stadt Hiroshima durch eine amerikanische Atombombe zerstört. Zwar wurde die uneinsichtige Kriegspartei Japan dadurch zum Einlenken gezwungen und der Zweite Weltkrieg beendet, aber es wurden mehr als 200 000 Menschen getötet und es starben bis heute viele weitere an den Folgen radioaktiver Verseuchung. Zum Gedenken an diesen schrecklichen Tag begeht Hiroshima in jedem Jahr einen Trauertag. Symbol dieses Tages sind aus Papier gefaltete Kraniche, die aus ganz Japan und aus aller Welt nach Hiroshima geschickt werden. Kraniche sind in Japan ein Glückssymbol. Überall in der Stadt sind diese Papierkraniche zu sehen, oft zu großen Trauben zusammengebunden.

Die Flüsse, sie fließen (S. 136) In der indianischen Kultur spielt das Verhältnis des Menschen zur Natur eine zentrale Rolle. Darauf bezieht sich der einer alten indianischen Weise unterlegte Text .

Nach dieser Erde / By the waters of Babylon (S. 137) Textliche Grundlage ist ein Bibeltext (Psalm 137, siehe Anmerkungen zu S. 189). Hier geht es um die Gefangenschaft des Volkes Israel in Babylon (586–536 v. Chr.). Die Melodie des Kanons geht zurück auf eine Vertonung des Psalms durch den englischen Komponisten Philip Hayes (1738–1797). Der amerikanische Folksänger Don McLean übernahm Elemente dieser Komposition in seine Ballade »American pie« (1972). Der deutsche Text von Gerd Kern entstand im Rahmen der Friedensbewegung Ende der 1970er-Jahre.

Miteinander (S. 138) Die Liedmelodie entstammt dem italienischen Gewerkschaftslied »La lega« (»Der Bund«). Der Liedermacher Dieter Süverkrüp schrieb den deutschen Text Anfang der 1980er-Jahre. Süverkrüp gehört zu den bedeutendsten deutschen Liedermachern.

So mancher Baum (S. 139) Reinhard Lakomy (geb. 1946) wurde zu Beginn der 1970er-Jahre als Jazz- und Rockmusiker bzw. -sänger bekannt. Später widmete er sich überwiegend dem Komponieren. Es entstanden über 200 Filmmusiken. Seit Ende der 1970er-Jahre schreibt er in Zusammenarbeit mit seiner Frau Monika Ehrhardt (Texte) vor allem für Kinder.

Puff, the magic dragon / Paff, der Zauberdrachen (S. 140) Dieses Lied ist einer der größten Hits der Folk-Gruppe »Peter, Paul & Mary«. Die Geschichte von Paff, dem »Zauberdrachen«, und dem traurigen Schicksal des kleinen Jackie Paper ist nicht nur eine anrührende Story, sondern auch ein Gleichnis für die verführerische und verderbliche Macht von Drogen. »Peter, Paul & Mary« haben sich intensiv für soziale und politische Fragen engagiert.

Wahre Freundschaft soll nicht wanken (S. 141) Dieses Volkslied aus Franken ist seit Mitte des 18. Jahrhunderts in vielen textlichen und melodischen Varianten bekannt.

Wie schön, dass du geboren bist (S. 142) Es muss nicht immer »Happy birthday« sein! Inzwischen hat sich auch dieses Lied des Liedermachers Rolf Zuckowski »herumgesungen« (siehe auch Anmerkungen zu S. 217).

Lass doch den Kopf nicht hängen (S. 143) Die Melodievorlage für dieses aufmunternde Lied stammt von dem traditionellen amerikanischen Song »Tom Dooley«, dem jedoch eine weniger freudige Geschichte zugrunde liegt: Im Jahr 1868 wurde der Amerikaner Thomas Dule wegen Mordes an einer früheren Geliebten gehenkt. Die breite Berichterstattung über den Prozess machte seine Tat in ganz Amerika bekannt. Es entstanden mit der Zeit viele Balladen über den Stoff, u. a. auch »Tom Dooley«:

Refrain: Hang down your head, Tom Dooley, hang down your head and cry, hang down your head, Tom Dooley, poor boy, you're bound to die.
1. Met her on the mountain, and there I took her life, I met her on the mountain and stabbed her with my knife.
2. This time tomorrow, reckon where I'll be? If it hadn't been for Grayson, I'd a-been in Tennessee.
3. This time tomorrow, reckon where I'll be? Down in some lonesome valley, hangin' from a white oak tree.

Worterklärungen: *to stab* = erdolchen; *this time tomorrow* = morgen um diese Zeit; *reckon where I'll be?* = rate mal, wo ich sein werde?; *Grayson* = vermutlich der Name des (Scharf-) Richters; *valley* = Tal; *oak* = Eiche

Alles muss klein beginnen (S. 144) Gerhard Schöne (geb. 1952) ist Liedermacher wie auch Übersetzer und Interpret von Liedern aus aller Welt. Schönes Lieder erzählen leise und gefühlvoll, oft mit hintergründigem Humor von den Dingen des Lebens.

Kinder (S. 145) Bettina Wegner (geb. 1947) ist Liedermacherin. Mit dem Lied »Kinder« wurde sie über die Grenzen der ehemaligen DDR hinaus bekannt. Das Lied entstand im Jahre 1978.

Eines Morgens in aller Frühe / Bella ciao (S. 146) Ursprünglich handelt das Lied von der harten Arbeit der Frauen auf den Feldern der Po-Ebene (Norditalien). Italienische Partisanen, die im 2. Weltkrieg gegen Mussolini und später gegen die deutschen Besatzungstruppen kämpften, sangen zur altbekannten Melodie einen neuen Text. (Am 25. 4. 1945 organisierten italienische Widerstandskämpfer in Nord-italien einen bewaffneten Aufstand. Nahezu 200 Städte wurden vor dem Eintreffen der Alli-ierten aus eigener Kraft von den Nazitruppen befreit.) »Bella ciao« gehörte in den 1940er-Jahren zu den bekanntesten Liedern des Wider-stands.

Die Moorsoldaten (S. 147) Dieses Lied ent-stand 1933 im Konzentrationslager Börger-moor II bei Papenburg in Niedersachsen. Geg-ner des nationalsozialistischen Regimes wur-den hier gefangengehalten. Den Text verfassten Johann Esser und Wolfgang Langhoff. Die Melodie schrieb Rudi Goguel. Alle waren Häft-linge des Lagers. Der Komponist Hanns Eisler (1898–1962) lernte das Lied 1935 in seinem Londoner Exil kennen. Eisler bearbeitete das Lied für den Schauspieler und Sänger Ernst Busch, der das Lied weithin bekannt machte.

Bürgerlied (S. 148) Der Text dieses Liedes entstand im Mai 1845 im Elbinger Bürgerver-ein, also etwa 3 Jahre vor der Revolution von 1848. Zu den Forderungen der Revolution gehörte, dass die bürgerlichen Rechte und Frei-heiten (Gleichheit aller, unabhängig von Stand, Herkunft, Beruf …) in der Verfassung verankert werden sollten. Die Melodie entstammt dem Lied »Prinz Eugen, der edle Ritter« aus dem 18. Jahrhundert. Es entstanden auch aktualisierte Textvarianten, z. B. in den Gewerkschaften:
1. Ob wir einen Blaumann tragen oder ob im weißen Kragen, Arbeitsmäntel, schwere Schuh; ob wir an Maschinen schwitzen oder ob am Schreib-tisch sitzen: Das tut, das tut nichts dazu.
6. Drum Kollegin, drum Kollege, sei auch du auf unsrem Wege, denn kein Boss schenkt uns 'ne Mark; täglich werden wir geschunden, kämpft für 35 Stunden: Nur gemeinsam sind wir stark! (Aus dem »Metallerlied« von Sibylle Köppler, 1978)

Die Gedanken sind frei (S. 149) Der Text des Liedes erschien erstmals Ende des 18. Jahrhun-derts auf Flugblättern in Süddeutschland. Die Melodie lehnt sich an ein Schweizer Volkslied an. Das vollständige Lied wurde um 1815 erst-mals veröffentlicht. Wegen seiner aufkläreri-schen und demokratischen Tendenzen wurde es in der Zeit des Vormärz verboten. Auch spä-ter wurde das Lied oft zum Symbol des inneren Widerstands bzw. der kritischen Auseinander-setzung. Es entstanden auch aktualisierte Text-varianten, z. B.:
1. Die Gedanken sind frei! Wir könn' sie erra-ten, wir fliegen vorbei wie nächtliche Schatten. Kein Mensch kann uns wissen, wir sind sehr geris-sen. Wir machen kein Geschrei, die Gedanken sind frei!
2. Die Gedanken sind frei! Heran an die Mas-sen, mit Spioniererei krieg'n wir sie zu fassen. Wir riechen stetes Lunte, auch du bist schon Kunde in uns'rer Kartei: Die Gedanken sind frei! (Olaf Cless, 1976)
1. Ich denk mir ein Haus mit Reimen und Noten, wo keinem der Aus- und Eintritt verboten, die Türen stehn offen für alle, die hoffen, wer will, kommt herbei, die Gedanken sind frei.
2. Ich denk mir ein Land mit Tischen für jeden, ein freundliches Zelt zum Essen und Reden. Kein Hunger, kein Schweigen, ein fröhlicher Reigen und Menschlichkeit sei, und Gedanken sind frei. (Ingo Bartz, 1985)

Blowin' in the wind (S. 150) Dieses Lied ent-stand wie »Where have all the flowers gone« als Protestlied gegen den Vietnamkrieg (1964–1975). Bob Dylan (geb. 1941) war eines der geis-tigen und musikalischen Idole der Jugend der 1960er-Jahre. Seine Songs trug er als Solist mit Gitarre und Mundharmonika vor. Später wandte er sich der Rockmusik zu. Zu »Blowin' in the wind« äußerte er sich einmal folgender-maßen: *»Es gibt nicht viel über dieses Lied zu sagen, außer, dass die Antwort eben im Wind steht. Sie steht in keinem Buch, in keinem Film, sie wird in keiner Fernsehshow oder Gruppendis-kussion gefunden … Ich sag immer noch: Sie ist im Wind und wie ein ruheloses Stück Papier, das irgendwo runterkommen muss … Das Dumme ist nur, niemand hebt die Antwort auf, wenn sie mal runterkommt, und nicht allzu viele Men-schen bekommen sie überhaupt zu sehen … und dann fliegt das Stück Papier wieder weiter.«*

Hine mah tow (S. 151) Der Text dieses Kanons aus Israel beruht auf dem biblischen Psalm 133: *»Siehe, wie fein und lieblich es ist, dass Brüder einträchtig beieinander wohnen«.*

Where have all the flowers gone / Sag mir, wo die Blumen sind (S. 152) Das Lied entstand unter dem Eindruck des Vietnamkrieges (1964–1975). Die Anregung zu diesem Lied gab Michail Scholochows Roman »Der stille Don«, für den der russische Schriftsteller 1965 den Nobelpreis erhielt. In diesem Roman wird ein altes Lied zitiert, das Fragen über den Sinn von Kriegen aufwirft. »Where have all the flowers gone« wurde in viele Sprachen übersetzt. Die deutsche Version wurde vor allem in der Inter-pretation durch Marlene Dietrich (1901–1992) bekannt. Pete Seeger (geb. 1919) ist einer der bedeutendsten Liedermacher.

We shall overcome (S. 153) Dieses Lied wurde zusammen mit »Blowin' in the wind«

pretation durch Marlene Dietrich (1901–1992) bekannt. Pete Seeger (geb. 1919) ist einer der bedeutendsten Liedermacher.

We shall overcome (S. 153) Dieses Lied wurde zusammen mit »Blowin' in the wind« (siehe S. 150) zur Hymne der amerikanischen Bürgerrechtsbewegung. Ursprünglich war dieses Lied ein altes Kirchenlied der Afroamerikaner. Bereits 1945 wurde es anlässlich eines Streiks der Tabakarbeiter in South Carolina mit verändertem Text als Protestlied gesungen. Später entstand daraus die Hymne »We shall overcome«. 1963 wurde es von der Liedermacherin Joan Baez auf einer großen Demonstrationskundgebung gesungen. Redner dieser Kundgebung waren auch Martin Luther King und der amerikanische Präsident John F. Kennedy.

Zum Textinhalt: *Wir werden eines Tages siegen. Oh, tief im Herzen glaube ich. dass wir eines Tages siegen ,… frei sein,… im Frieden leben werden. Wir gehen heute Hand in Hand, haben keine Angst …*

Guantanamera (S. 154) »Guantanamera« ist eine alte kubanische Volksweise. Der Text dazu stammt von José Marti, Kubas großem Nationaldichter, der in ganz Lateinamerika als Symbol der Freiheit verehrt wird. Marti ist 1895 im Befreiungskampf gegen die spanische Fremdherrschaft gefallen. »Guantanamera« bedeutet »Ein Mädchen aus Guantanamo«. (Guantanamo ist eine Stadt in Kuba.)

Zum Textinhalt: *1. Ich bin ein ehrlicher Mann und komme aus einem Land, wo Palmen wachsen. Bevor mich der Tod zum Schweigen bringt, möchte ich mir meine Lieder vom Herzen singen. 2. Meine Gedichte sind von sanftem Grün und von leuchtendem Rot. Mein Lied gleicht einem verwundeten Reh, das in den Bergen Schutz sucht. 3. Mit den Armen der Erde möchte ich mein Schicksal teilen. Der Fluss in den Bergen gefällt mir wie das freie See.*

Zur Aussprache: *guachira:* ch wie in »ach«; *hombre:* h stimmlos; *sincero, crece, encendido, complace:* c wie ß; *quiero* = kjero; *echar* = etschar; *que* = ke; *pobres* = powres

El condor pasa (S. 155) Der Liedmelodie liegt eine alte Inka-Weise zugrunde. Die Inkas waren ein südamerikanischer Indianerstamm, der von den spanischen Eroberern grausam unterdrückt wurde. Amaru, der Häuptling der Inkas, wurde getötet. Die Legende erzählt, dass sich Amaru in einen Condor verwandelt hat, der ewig über die Anden fliegt. So blieb die Hoffnung auf Freiheit erhalten. »*El condor pasa*« bedeutet »Der Condor fliegt«. Deutscher Text (Marianne Große-Boymann):

1. Der Kondor hoch am Horizonte kreist, ohne Furcht sieht er die Sonne, die den Weg ihm weist. Der Mensch hat kaum mit Müh' gelernt zu gehn, möchte er schon, nur zu seinem Spiel, die Waffen sehn. Mit einer Stimme rufen wir: Nie mehr Hunger! Nie mehr Schmerz! Und glaubt ihr an die Liebe hier, nur dann ist Friede, Einigkeit, dann spricht das Herz!
2. Der Mensch ist wie ein Kondor, der da fliegt ohne Ruh, von einem Ort zum andern strebt er fort. Der Kondor schlägt mit seinen Fängen zu, wie der Mensch, dem seine Waffen lassen nie Ruh. Mit einer Stimme …

Dona, dona (S. 156) Dieses Lied wurde für das jiddische Musical »Esterke« (»Kleine Ester«) komponiert, das 1940 in New York uraufgeführt wurde. Der Originaltext (Transkription) lautet:

1. Oifn forel ligt a kelbl, ligt gebundn mit a schtrik, hojch in himl fligt a fojgl, fligt un drejt sich hin un tsrik. Lacht der Wind in korn, lacht un lacht un lacht, lacht er op a tog a gantsn, un a halbe nacht. Donaj, donaj, …
2. Schreit dos kelbl, sogt der pojer, werssche hejst dich sajn a kalb? Wolst gekent doch sajn a fojgl, wolst gekent doch sajn a schwalb.
3. Bidne kelblech tut men bindn, un men schlept sej un men schlecht. Wer's hot fligl, flit aroif tsu, is bej kejnem nischt kejn knecht.

Die jiddische Sprache wurde seit dem 15. Jh. von den nach Osteuropa ausgewanderten deutschen Juden entwickelt. Die Schrift ist hebräisch. Der Inhalt des Liedes spiegelt im übertragenen Sinne die Unterdrückung des jüdischen Volkes wider. In den 1960er-Jahren machte die Folk-Sängerin Joan Baez das Lied der englischen Textfassung weltweit bekannt.

Shalom chaverim; Hevenu shalom / Wir wollen Frieden für alle (S. 157) »Shalom chaverim« bedeutet auf deutsch etwa: »Frieden sei mit euch, Freunde!« Der Kanon kann bis zur Achtstimmigkeit erweitert werden (Einsätze jeweils im Abstand eines Taktes). Möglich ist auch eine Verbindung der beiden Lieder: Zunächst erklingt der Kanon, dann sofort anschließend »Hevenu …«. Zur Aussprache: *sh* = sch; *ch* wie in »lachen«.

Take this hammer (S. 158) Dieses Lied ist ein Worksong aus den USA. Worksongs wurden ursprünglich von den schwarzen Sklaven in den Südstaaten während der Arbeit gesungen. Sie trugen dazu bei, die Arbeit einer Gruppe rhythmisch zu koordinieren, z. B.: Die »workgang« beantwortete den Gesang eines Vorsängers mit einem »wah!« und schlug dabei gleichzeitig mit schweren Hämmern auf Gleisschwellen.

Durch die Einspielungen von Peter, Paul & Mary (1962) sowie von Trini Lopez (1964) wurde es ein Welthit. Pete Seeger (geb. 1919) hat nicht nur durch seine Eigenkompositionen, sondern auch durch die Herausgabe von Liedsammlungen zur Verbreitung amerikanischer Folksongs beigetragen.

justice = Gerechtigkeit; *freedom* = Freiheit

A hard day' s night (S. 160) 1964 produzierten die Beatles einen Kinofilm, der vom Aufstieg der Gruppe und der Begeisterung um sie (»Beatlemania«) handelte. Hauptdarsteller waren die Beatles selber [John Lennon (1940–1980), Paul McCartney (geb.1942), George Harrison (geb. 1943), Ringo Starr (geb. 1940)]. Als letzter Filmsong entstand »A hard day's night«, der letztlich dem Film wie dem Album den Namen gab. Die Worte stammten von Ringo Starr, der berichtete: »*Es fiel mir einfach so ein. Wir gingen zur Arbeit und wir schufteten den ganzen Tag, und dann machten wir noch bis in die Nacht hinein weiter. Ich kam raus und dachte, es sei immer noch Tag und sagte ›It's been a hard day…‹ schaute mich um, merkte, dass es dunkel war und fügte hinzu: ›…s night‹* «. John Lennon gefiel die Phrase und er schrieb einen Text dazu. »*Es schien ein bisschen albern zu sein*«, sagte Paul McCartney später, »*einen Song mit dem Titel ›A hard day's night‹ zu schreiben, weil der Satz damals ziemlich verrückt klang, aber die Idee entstand so – es war eines harten Tages Abend und wir haben den ganzen Tag geschuftet und du kommst nach Hause zu einem Mädchen und alles ist wunderbar. Und so wurde das eben zu einem dieser Songs.*« Die LP »A hard day's night« war die 3. LP der Beatles und die erste, die ausschließlich selbst komponierte Songs enthielt.

Blues and trouble (S. 161) Dieser alte Blues lässt sehr deutlich die typische Bluesstruktur erkennen [Blues-Formel bzw. Blues-Schema: A (4 Takte) – A' (4 Takte) – B (4 Takte)]. Zum Textinhalt: *Meine besten Freunde sind Gram und Sorge: Weicht der Gram von mir, beginnt meine Sorge. Ich bin arm dran. Ich bin weit weg von zu Hause und mein Stöhnen hört man nicht.*

Day-O / Banana boat song (S. 162) Dieses Lied sangen die Männer und Frauen beim Verladen von Bananen in den Docks von Jamaika. Einer sang eine Liedzeile vor, die anderen antworteten mit »*Day dah light break me wanna go home*«. Das Singen erleichterte die schwere Arbeit etwas. Der Tallyman führte genau Buch über die Menge der transportierten Bananenbündel und zahlte den Lohn. Der Sänger Harry Belafonte machte dieses Volkslied in einer Calypso-Version weltweit bekannt. Der Calyp-

so ist ein Tanz, der vor allem von den farbigen Bewohnern der Antillen (Karibik) gepflegt wird.

Sixteen tons (S. 163) Der Vater von Merle Travis (1917–1983), dem Autor dieses Liedes, war Ende des 19. Jahrhunderts Bergarbeiter in den Kohlegruben von Kentucky (USA). Als Lohn bekamen die Arbeiter Messingmarken, mit denen sie nur in den Läden der Bergwerksgesellschaft einkaufen konnten. Deutsche Textvariante (Peter Mösser):

1. Gott erschuf den Menschen mit eigener Hand. Bei den Armen hat er keine Gnade gekannt. Ein Gespenst, das schuftet, doch es klagt ja nicht laut, es hat Blut und Knochen, Muskeln und Haut.

Refrain: Ich hau 16 Tonnen Kohle – was bringt es mir schon? Einen Tag älter und auch nicht mehr Lohn! Petrus, ach, ich bitt dich, ruf mich noch nicht ab, sonst nehm ich meine Schulden noch mit ins Grab.

2. Ich kam zur Welt am Morgen, da die Sonne nicht schien. Ich ging gleich zur Zeche, damit ich was verdien! Ich schlug 16 Tonnen Kohle im lausigen Schacht, mein Rücken war gebeugt und um mich stets Nacht.

3. Als ich zur Welt kam, fiel der Regen dicht und schwer. So ist's geblieben und jetzt mag ich nicht mehr. Doch würde ich sterben, was hätt' ich davon? Meine Schulden fressen auch den höheren Lohn.

4. Sieht der Boss mich kommen, dann weicht er mir aus. Wenn es nach mir ginge, würd' er zerhackt wie 'ne Maus! In meinen Armen sitzt noch Mumm, in meinen Fäusten, da steckt Blei. Ich wüsste schon ein Ende für diese Schinderei!

Die Freiheit (S. 164) Georg Danzer (geb. 1946) ist ein österreichischer Liedermacher, der vor allem politische und soziale Themen behandelt. »Die Freiheit« entstand 1978. Danzer über Danzer: »*Ich habe mich, seit ich Musik mache, immer als Liederschreiber gesehen. Meine musikalischen Vorbilder waren Leute wie Dylan, Newman, Dalla, nicht zuletzt Lennon/McCartney. Mein Lebensmotto: ›Bis hierher gings gut!‹ sagen, wie der Mann, der im hundertsten Stock eines Hochhauses aus dem Fenster fällt und bei jedem Stockwerk, an dem er vorbeikommt, diesen Satz sagt.*«

Hava nagila (S. 165) Der jüdische Musikforscher Abraham Zwi Idelsohn (1882–1938) war der Erste, der das weltweit verstreute hebräische Liedgut sammelte und in seinem Werk »Hebräisch-orientalischer Melodienschatz« (1914) veröffentlichte. Dazu gehörte auch »Hava nagila« (Textübersetzung: *Auf, jubelt und freut euch, auf, singt, erhebt euch, Brüder, mit fröhlichem Herzen!*).

Glory Halleluja

Oh, happy day (S. 168) Dieser Gospelsong will vermitteln, dass man nicht bedrückt und hoffnungslos durchs Leben gehen muss: Jesus habe in seinem Wirken die Menschen befreit und sie von Schuld reingewaschen (*»Jesus washed our sins away«*). Jesus könne Quelle des Mutes sein, da er lehrte wachsam zu sein, zu kämpfen und durchzuhalten.

I'm a trampin' (S. 169) Dies ist ein Spiritual, in dem das im Afrikanischen verwurzelte Anrufungs- und Antwortprinzip (call – response) deutlich hervortritt. Der Vorsänger schildert seine persönliche Empfindung, sein persönliches Anliegen: *»I'm a trampin', halleluja!«* (Ich bin auf der Suche, halleluja!) oder *»I've never been to heaven but I've been told … that the street up there are paved with gold«* (Ich war noch nie im Himmel, aber man hat mir gesagt, … dass die Straßen dort mit Gold gepflastert seien). Der Chor antwortet stets mit: *»Tryin' to make heaven my home«* (Versuche den Himmel zu meinem Heim zu machen). Es geht in diesem Spiritual um die Hoffnung, aber auch um die Gewissheit, dass irgendwann die Gerechtigkeit und die Menschenwürde siegen werden.

Down by the riverside (S. 170) Wie viele Gospelsongs enthält auch dieses Lied ein sehr prägnantes Bild: Ein breiter Strom fließt dahin. Man kann ihn nicht überqueren. Unten am Flussufer (= am Ende seines Lebens) wird man seine Last abwerfen, nicht mehr am Krieg teilnehmen, sein Schwert und sein Schild ablegen, seine Wanderschuhe und seine weiße Robe anlegen, eine glitzernde Krone aufsetzen und mit dem Friedensfürsten (= Jesus) davonschreiten. Nach dem 2. Weltkrieg wurde das Lied durch amerikanische Soldaten auch in Europa bekannt. In den 1960er-Jahren entstanden folgende Strophen neu, die sich auf die aktuelle politische Lage bezogen (siehe auch Anmerkungen zum »Kranichlied«, S. 136):

1. *»I'm gonna talk with my brethen…*
2. *»I'm gonna bury that atom bomb. …*
3. *»I'm gonna shout out that call of peace…*

brethen = Brüder; *to bury* = vergraben

Oh, when the Saints go marchin' in (S. 171) Dieses Spiritual hat den frohen Einzug in den Himmel zum Thema. Das Schreiten wird ganz unmittelbar durch die meist in Viertel- und Halbenoten verlaufende, an einen Marsch erinnernde Melodie verdeutlicht. Der Einzug wird in den schönsten Farben und mit kräftigen Bildern geschildert: Die Sterne glitzern, Engel musizieren, der Erzengel Gabriel spielt auf seiner Trompete, die Sonne hört auf zu scheinen und Gott wird zum König gekrönt. Über allem steht der Wunsch, selbst dabei zu sein, nicht vergessen zu werden.

Oh, freedom (S. 172) Den Sklaven war die Freiheit (*freedom*) genommen. Angekettet und streng bewacht, hatten sie keinerlei Möglichkeit über ihr Leben selbst zu bestimmen. Doch der Stolz dieser Menschen war stark: Bevor sie sich der Unfreiheit ergeben, so formuliert es der zweite Liedteil, würden sie lieber sterben und begraben sein. Im Jenseits wären sie endlich von ihrem unerträglichen Dasein befreit. Von diesem im 19. Jahrhundert entstandenen Spiritual sind aktualisierte Strophen bekannt, die zeigen, dass das Lied auch in jüngerer Zeit im Kampf der Schwarzen um Gleichberechtigung eine Rolle spielte:

1. *No segregation … over me.*
2. *No burning churches … over me.*
3. *No more jail house … over me.*

to be buried = begraben sein; *grave* = Grab; *to moan* = stöhnen, klagen, jammern; *segration* = Rassentrennung

Can the circle be unbroken (S. 172) Dieser Gospelsong schildert ein ganz persönliches Schicksal im Zusammenhang mit Sklaverei und Rassendiskriminierung: Eine Mutter hat ihr schweres Los nicht mehr durchstehen können. Ihr Tod lässt die Hinterbliebenen trauern und fragen, ob irgendwann einmal der Zeitpunkt kommen wird, an dem das Leben auch für schwarze Menschen lebenswert ist. Noch aber verheißt nur der Himmel, das göttliche Jenseits, eine bessere Welt.

can the circle be unbroken = kann der Kreis sich schließen; *by and by* = nach und nach; *hearse* = Leichenwagen; *undertaker* = Bestatter

Go down, Moses (S. 173) Moses ist eine biblische Gestalt aus dem Alten Testament. Er führte seine in Ägypten gefangen gehaltenen und versklavten Landsleute in das gelobte Land Kanaan. Den Sklaven war die Geschichte vom Auszug der Israeliten aus ihrer Gefangenschaft ein Gleichnis für ihre kommende Befreiung. Moses Worte an den Pharao *»Lass meine Leute gehen!«* richten sich in diesem Spiritual gleichsam an die Plantagenbesitzer der amerikanischen Südstaaten: »Lasst alle Sklaven frei!« Die Androhung, den erstgeborenen Sohn des Pharaos zu erschlagen (Strophe 2) bezieht sich auf die in der Bibel beschriebene sogenannte zehnte Plage, die über die Ägypter kam und den Pharao zum Einlenken bewog. »Moses« wurde auch die Sklavin Harriett Tubman genannt. Sie war von ihrer Dienstherrin und von

Aufsehern schwer misshandelt worden, konnte aber dank der Unterstützung von Helfern der sogenannten »Underground Railroad« (siehe Anmerkungen zu S. 180) fliehen. In den folgenden Jahren verhalf sie wiederum mehr als 300 Leidensgenossen zur Flucht in den Norden. Obwohl auf ihre Ergreifung ein Lösegeld von 12 000 Dollar ausgesetzt war, wurde sie nicht gefasst.

to be oppressed = unterdrückt, schikaniert werden; *thus* = das; *could not stand it* = es nicht ertragen, aushalten können; *ole* = engl. old; *bold* = kühn, mutig, unerschrocken; *to smite* = erschlagen; *firstborn* = Erstgeborener; *bondage* = Fesseln der mühseligen Arbeit (= Sklaverei); *spoil* = Beute

Joshua fit the battle of Jericho (S. 174) Joshua ist eine biblische Gestalt. Er eroberte die Stadt Jericho, indem er die steinernen Stadtmauern durch Täuschungsmanöver, Schreie und vor allem durch den Klang von Posaunen (Hörnern) und Trompeten zum Einstürzen bringen ließ. Die im Spiritual geschilderte Kraft Joshuas, einen einreißen zu können, war Sinnbild für den Kampf der Schwarzen gegen die Mauern der Diskriminierung. In der amerikanischen Bürgerrechtsbewegung um Martin Luther King (1929– 1968) hatte das Lied eine besondere Bedeutung.

to fit the battle = die Schlacht schlagen; *to tumble* = einstürzen, fallen; *spear* = Speer; *ram horns* = Angriffshörner; *lamb ram sheep horns* = Widderhorn-Angriffs-Posaunen; *Gideon, Saul* = israelitische Könige

Come an' go (S. 175) Aufzubrechen in das himmlische Land der Freude, des Friedens und der Glückseligkeit bedeutet im übertragenen Sinne, gemeinsam und energisch die Gleichheit, Freiheit und Brüderlichkeit aller Menschen zu verwirklichen.

Kum ba yah (S. 175) Dieses ursprünglich afrikanische Abendlied wurde erst später zum Gospel. »*Kum ba yah*« ist eine afrikanische Kurzform für »*come by here*« (»Komm zu uns!«). Es ist möglich, dass der Text auf ein religiöses Gedicht mit dem Titel »Come by here, Lord« zurückgeht. Als sich in den 1950er- und 1960er-Jahren gewalttätige Aktionen gegen Schwarze häuften, entstanden in der schwarzen Bürgerrechtsbewegung Amerikas neue Strophen:

1. *Come by here, my Lord, come by here …*
2. *Churches are burning Lord, come by here …*
3. *Somebody's starving Lord, come by here …*
4. *Somebody's shooting Lord, come by here …*
5. *We want justice Lord, come by here …*
6. *We want freedom Lord, come by here …*

Neben der in diesem Liederbuch abgedruckten Fassung im ³/₄-Takt ist auch eine Version im ⁴/₄-Takt bekannt.

I'm a-rolling (S. 176) Unterwegs sein, sich auf dem Weg befinden, davon handeln viele Spirituals und Gospels. Mit dem Weg ist der oft beschwerliche und leidvolle Lebensweg des Menschen gemeint. Doch durch die Hilfe anderer Leidensgenossen (»bothers and sisters«) lässt sich die »unfreundliche« Welt überwinden.

Wade in the water (S. 177) Ihr fester Glaube ließ die von Moses geführten Israeliten durch das Rote Meer gelangen. Das Spiritual greift die imaginären Worte Moses auf: »*Steig in das Wasser!*« und richtet sie an die Menschen: Sie sollen nicht den Mut verlieren und Vertrauen finden. Dann wird sich auch für sie das kalte und frostige Wasser aufwühlen (»*trouble water*«) und den Weg freimachen.

Nobody knows (S. 178) Vorsichtige Schätzungen gehen davon aus, dass zwischen 1500 und 1900 rund 15 Millionen Afrikaner gefangen und als Sklaven nach Amerika verschleppt wurden. Von jeweils 1000 Gefangenen sollen bereits etwa 200 bei der Gefangennahme und beim Transport zum Hafen umgekommen sein, über 300 starben bei der Überfahrt und 150 innerhalb des ersten Jahres nach ihrer Ankunft. Auf den Schiffen herrschten katastrophale hygienische Zustände, wie Vieh wurden die Menschen zusammengezwängt, oftmals blieben sie tagelang ohne Verpflegung. In ihrer ›neuen Heimat‹ wurden sie verkauft, entrechtet, gefangen gehalten, misshandelt und zu schwerer Arbeit herangezogen. Bis sich im 19. Jahrhundert immer mehr Menschen gegen die Sklaverei stellten, blieben den versklavten Afrikanern oft nur die Worte: »*Oh, niemand kennt das Elend, das ich gesehen habe, außer Jesus*«

Heaven is a wonderful place (S. 179) Der Himmel ist häufig Bezugspunkt in Gospels und Spirituals. Er verkörpert all das, was vielen Menschen auf Erden vorenthalten ist.

The Gospel train / Da kommt der Zug gefahren (S. 180) Die Eisenbahn spielt in vielen Liedern vor allem aus dem Amerika des 19. Jahrhunderts eine Rolle. Viele dieser Lieder stammten von »blinden Passagieren«, die sich eine andere Reiseart nicht leisten konnten. Sie versteckten sich während der Fahrt in Güterwagen oder sogar auf dem Gestänge unter den Waggons, was äußerst gefährlich war. Im Spiritual erhielt der »train« oft symbolische Bedeutung. In »The Gospel train« z. B. wird dazu aufgefordert, den »Evangeliums-Zug« zu besteigen, um zum »himmlischen Ufer« zu gelangen. Der

»Gospel train« erhielt zwischen 1810 und 1850 eine ganz konkrete Bedeutung: Gegner der Sklaverei organisierten in großem Stil die Flucht mit der Eisenbahn in die Nordstaaten Amerikas, die nach und nach die Sklaverei zumindest offiziell abgeschafft hatten. Zehntausende erreichten mit dieser sogenannten »Underground Railroad« (Untergrundbahn, auch Untergrundbewegung) die Freiheit (siehe auch Anmerkungen zu S. 173).

Nearer, my God, to Thee (S. 181) Die Choralmelodien des amerikanischen Komponisten, Liedsammlers und Pädagogen Lowel Mason (1792–1872) gehörten bis ins 19. Jahrhundert zu den beliebtesten Gesangswerken in angelsächsischen Ländern. Seine Komposition »Nearer, my God to Thee« wurde durch den Kinofilm »Titanic« (1998) einem breiten Publikum bekannt. Vier Musiker spielen es während der dramatischen Rettungsaktion, um die in Panik geratenen Menschen zu beruhigen.

to Thee: zu Dir; *rest* = Rastplatz; *Thou* = you, *to beckon* = heranwinken; *waking* = wach sein; *grief* = Kummer, Schmerz; *bethel* = Kirche für Seeleute; *to raise* = sich emporheben; *woes* = Plage; *wing* = Flügel

He's got the whole world (S. 182) In diesem Spiritual geht es um die Allmacht und die Liebe Gottes zu den Menschen. In den 1930er-Jahren von einem amerikanischen Folksong-Sammler wiederentdeckt, gelangte es in das Repertoire zahlreicher Folksänger. Dies nicht zuletzt auch deswegen, weil sich zur relativ kurzen Liedmelodie leicht neue Strophen finden lassen. 1952 erschien sogar eine Rock-'n'-Roll-Version des Liedes.

Non like You (S. 182) Das Singen dieses Gospels wird noch heute in den Südstaaten Amerikas gerne mit Handbewegungen, die den Text interpretieren, begleitet.

tower = hier: Festung, Bollwerk

All night all day (S. 183) Trost und Geborgenheit drückt auch dieses Spiritual aus: *»Tag und und Nacht wachen Engel über mich…*

Glory Land (S. 184) »Drüben im glorreichen Land« (= im Himmel) wird aller Schmerz auf Erden ein Ende haben. Die Melodie dieses Spirituals ist vielfach auch für Gesänge ganz anderer Art genutzt worden. So kann man z. B. in Fußball-Stadien hören: *»Wo bleibt denn das Eins zu Null«* usw.

Rock my soul (S. 185) Aus Abrahams Nachkommen entstand das Volk Israel. Auch die Christen erkannten Abraham als den Vater aller Glaubenden an. Im Bericht über den Leprakranken Lazarus heißt es: *»Der Arme starb und*

die Engel trugen ihn an den Ort, wo das ewige Freudenmahl gefeiert wird; dort erhielt er den Ehrenplatz an der Seite Abrahams.« In dieser Bedeutung sind die Worte *»Wiege meine Seele im Schoß Abrahams«* zu verstehen.

Good news (S. 186) Im Bild vom »feurigen Wagen«, dem »chariot«, und in der Beschreibung der Herrlichkeit des Himmels drückt sich die Sehnsucht nach Befreiung und Erlösung aus (siehe auch Anmerkungen zu S. 190).

Amazing grace (S. 187) Der Text von »Amazing grace« (Wunderbare Gnade) stammt von dem englischen Kirchenlieddichter John Newton (1725–1807). Das Lied wurde erstmals 1830 veröffentlicht. Von England gelangte es nach Amerika und wurde durch Interpretationen aus neuerer Zeit, z. B. von Joan Baez und Judy Collins, in aller Welt bekannt. Der Text ist inspiriert von alttestamentarischen Psalmen. Die zweiteilige melodische Form entspricht der zweiteiligen Anlage der Psalmen. Im Liedtext geht es um die christliche Zuversicht, dass es für jedermann Gnade und Hoffnung gibt.

wretch = armer Teufel; *fear* = Furcht; *toils* = Plagen; *snares* = Fallen; *'t* = it; *hath bro't* = has brought; *to soothe* = lindern; *sorrow* = Kummer; *to heal* = heilen, *wounds* = Wunden

Ev'ry time I feel the Spirit (S. 188) In diesem Song lässt sich die Begeisterung und Lebendigkeit des schwarzen Spiritualgesangs besonders erspüren: *»Oh, ich habe Sorgen und ich habe Jammer und ich trage Kummer im Herzen hier unten, aber solange Gott mich leitet, werde ich mich niemals fürchten, weil ich durch seine Obhut geschützt bin«* (2. Strophe).

Rivers of Babylon (S. 189) Die in Deutschland gegründete Gruppe »Boney M.« machte dieses Lied 1978 in einer Disco-Version weltbekannt. Das Original, ein Reggae-Song, stammt aus Jamaika. Komponiert von der Reggae-Gruppe »The Melodiens« erklang »By the rivers of Babylon« auch in dem Film »The harder they come«, der von der sozialen Situation der Menschen auf Jamaika handelt. Die »Melodiens« griffen bei ihrer Version wiederum auf ein Negro-Spiritual zurück, dass den biblischen Psalm 137, die »Klage der Gefangenen in Babylon«, zum Thema hatte. Psalmtext: *»An den Flüssen Babylons saßen wir und weinten, jedesmal wenn wir an Zion dachten. Unsere Harfen hingen dort an den Weiden; wir mochten nicht mehr auf ihnen spielen. Doch die Feinde, die uns unterdrückten, die uns verschleppt hatten aus der Heimat, verlangten von uns auch noch Jubellieder. ›Singt uns ein Lied von Zion!‹ sagten sie. Fernab vom Tempel, im fremden Land – wie* konnten wir da Lieder singen zum Preis des Herrn?« In dem Los der Israeliten, die im Jahr 587 v. Chr. vom mächtigen babylonischen König Nebukadnezar besiegt und nach Babylonien verschleppt wurden, erkannten die aus ihrer Heimat verschleppten Sklaven auch ihr eigenes Schicksal.

Swing low, sweet chariot (S. 190) Das Spiritual nimmt Bezug auf die biblische Geschichte vom Propheten Elija (Elias), der gegen den Unglauben und den Götzendienst seines Volkes kämpfte. Das Alte Testament schildert, wie Elija am Ende seines Lebens zum Fluss Jordan geht, das Wasser teilt und trockenen Fußes ans andere Ufer gelangt. Dort holt ihn ein zweirädriger Triumphwagen (*»chariot«*) voll Feuer, gezogen von Pferden aus Feuer, ab und fährt mit ihm in in den Himmel hinauf. Für die Sklaven war dies ein wundervolles Bild: Auch zu ihnen sollte sich der Triumphwagen sanft hinunterschwingen (*»swing low«*), sie erlösen.
my soul feel heavenly bound = meine Seele fühlt sich dem Himmel verbunden

Möglicherweise lernte der tschechische Komponist Anton Dvořák das Spiritual in Amerika kennen. Das Thema des 1. Satzes seiner 9. Sinfonie (*»Aus der neuen Welt«*) erinnert an die Melodie von »Swing low, sweet chariot«.

Michael row the boat ashore (S. 191) Die Inseln vor der Küste des amerikanischen Staates Georgia waren zu Zeiten der Sklaverei Zielpunkte der Frachtschiffe, die über den Atlantischen Ozean kamen. In schmalen Lastbooten hatten die Sklaven die Waren von den Schiffen zum Festland zu transportieren. In diesem Zusammenhang entstand das Lied. Sein Inhalt bezieht sich aber nicht auf die Arbeit selbst, sondern drückt die Zuversicht aus, durch den Glauben und die Gemeinschaft alle Anstrengungen und Hindernisse zu überstehen. Das Lied wurde zum ersten Mal 1867 in dem Buch »Slaves Songs of the United States« abgedruckt.
Michael = der Erzengel Michael; *to row the boat ashore* = das Boot an Land rudern; *to trim the sail* = das Segel ausrichten; *boasting talk* = Prahlerei; *it will sink your soul* = es wird deine Seele erniedrigen, dein Herz zugrunde richten; *the Jordan-stream* = der Strom des Jordan.

Row your boat (S. 191) Auch dieser englische Kanon enthält das Bild vom Fluss als Sinnbild des Lebens, als Aufforderung, *»sein Boot ruhig und sanft den Strom hinab zu rudern«.* Schließlich kann man sagen: »Das Leben ist ein Traum!« (*»Live is but a dream«*).

John Brown's body (S. 192) Dieses Lied besingt den gewaltsamen Tod des weißen Rin-

derhändlers und reisenden Kaufmanns John Brown (1800–1859). Brown war tief überzeugt von der Ungerechtigkeit der Sklaverei. Er half vielen Sklaven, von den Plantagen der Südstaaten zu fliehen. Dann entschloss sich Brown, gegen die Rassendiskriminierung gewaltsam vorzugehen: Im Oktober 1859 stürmte er mit rund zwanzig Mitstreitern – Schwarzen und Weißen – ein Waffenlager der Armee in Harper's Ferry in Virginia. Die Aktion schlug fehl. Brown wurde festgenommen, zum Tode verurteilt und noch im gleichen Jahr gehängt. Das Lied, dessen Melodie auf ein Kirchenlied der Zeit zurückgeht, machte Brown in ganz Amerika bekannt. Es sollte vermitteln, dass sein Einsatz für die Befreiung der Sklaven nicht umsonst gewesen sei: »*John Browns Körper liegt verwesend im Grab, aber seine Seele marschiert weiter.*« Mit einem anderen Text wurde das Lied später auch unter dem Titel »The battle hymn of the Republic« (Die Schlachthymne der Republik) zu einem Nationallied der USA.

I'm gonna sing (S. 193) Den unmittelbar über die Empfindung und das Gefühl erlebten Glauben der Schwarzen an Gott bringt auch dieses Spiritual zum Ausdruck. Wen der Geist und die Botschaft Gottes erreichen, der wird singen, schreien, beten und predigen.

Ein feste Burg ist unser Gott (S. 194) Um das Jahr 1527 wütete die Pest, die »Geißel Europas«, auch in Wittenberg, der Wirkungsstätte des Theologen, Gelehrten und Reformators Martin Luther (1483–1546). Neben den Schrecken dieser Seuche machte den Menschen die Willkürherrschaft und Allmacht vieler Fürsten zu schaffen. Martin Luther textete dieses Kirchenlied um 1528. Als Grundlage diente ihm seine Übersetzung des Psalmes 46 »Gott, unsere Zuflucht und Stärke«. Die Melodie lässt Bestandteile anderer Melodien erkennen. Melodien wurden im 16. Jahrhundert oft nicht neu komponiert, sondern durch die Bearbeitung alter geistlicher und weltlicher Lieder oder Gesänge gewonnen. Seit dem Erstabdruck im »Ersten evangelischen Gesangbuch« 1586 entwickelte sich »Ein feste Burg« zu einem der bekanntesten Reformationslieder und wurde als »Siegeslied« (König Gustav II Adolf von Schweden) und als »Marseillaise des 16. Jahrhunderts« (Friedrich Engels) bezeichnet.

Halleluja (S. 195) Der französische Pfarrer Roger Schütz gründete im Jahre 1940 die evangelisch-ökumenische »Gemeinschaft von Taizé« (»Communauté de Taizé«). Ihr Anliegen ist die Einigung der christlichen Kirchen sowie das Engagement für die Entwicklungshilfe. Das

Gemeindezentrum in dem kleinen französischen Dorf in Burgund hat sich zu einem beliebten Treffpunkt besonders von Jugendlichen aus aller Welt entwickelt. Das Lied entstand dort und wird daher auch »Halleluja von Taizé« genannt. »Halleluja« bedeutet soviel wie »Lobet den Herrn«.

Dona nobis pacem (S. 195) Es ist verwunderlich, dass der Komponist dieses so berühmt gewordenen Kanons heute nicht mehr bekannt ist. Er entlieh die lateinischen Worte »*Dona nobis pacem*« der kirchlichen Gottesdienstordnung (Liturgie): Seit dem 11. Jahrhundert wird »Dona nobis pacem« als letzter Teil des »Agnus Dei«, einem dreimaligen Bittruf, gesprochen oder gesungen. »Dona nobis pacem« bedeutet »Gib uns den Frieden«.

Jingle bells

Vorfreude, schönste Freude (S. 198) Hans Naumilkat (1919–1994) komponierte hauptsächlich Vokalwerke, vor allem Lieder für Kinder. Er leitete u. a. den Kinderchor des Berliner Rundfunks.

Es ist für uns eine Zeit angekommen (S. 199) Dieses Lied aus der Schweiz war mit anderem Text lange Zeit als Sternsingerlied in Gebrauch. Das Sternsingen ist seit dem 16. Jahrhundert besonders im süddeutschen Raum, in der Schweiz und in Österreich Brauch. Mit einem Stern auf der Stange ziehen am Dreikönigstag drei als die Könige Caspar, Melchior und Balthasar verkleidete Personen von Haus zu Haus, singen und tragen Verse vor. Dafür werden sie belohnt. Gesammeltes Geld kommt caritativen Zwecken zugute.

Süßer die Glocken nie klingen (S. 200) In seiner ursprünglichen Fassung war dieses Lied ein Abendlied (»Dort sinket die Sonne im Westen«). Es hatte keinen Bezug zum Weihnachtsfest. Mit dem Text von F. W. Kritzinger wurde es zu einem der bekanntesten deutschen Weihnachtslieder.

Guten Abend, schön Abend (S. 201) Das Lied kann als Wechselgesang vorgetragen werden. Zunächst singt eine Solostimme, bei der Wiederholung singen alle.

Fröhliche Weihnacht (S. 202) Im Vergleich zu den deutschen Weihnachtsliedern gibt es in England mehr unbeschwerte, heitere Volkslieder, die Weihnachten als Fest der Freude besingen. Dazu gehört »Fröhliche Weihnacht«.

Maria durch ein Dornwald ging (S. 203) Obwohl schon um 1600 entstanden, wurde dieses Lied in weiten Teilen Deutschlands erst bekannt durch die Liedersammlung »Der Zupfgeigenhansl«, ein Liederbuch der deutschen Jugendmusikbewegung (erschienen im Jahre 1908). »*Kyrie eleison*« ist eine Bittformel, die in vielen geistlichen Liedern vorkommt (»Herr, erbarme dich!«).

Hört der Engel helle Lieder (S. 204) Dieses Lied gehört in Frankreich zu den beliebtesten Weihnachtsliedern. Die Melodie entstammt einem alten geistlichen Gesang. Der weihnachtliche Text wurde im 18. Jahrhundert unterlegt. Seit dem 19. Jahrhundert wird das Lied auch oft als Bestandteil weihnachtlicher Krippenspiele gesungen.

Es ist ein Ros entsprungen (S. 205) Ursprünglich begann der Liedtext mit den Worten »*Es ist ein Reis entsprungen*«. Dies verrät einen Bezug zum biblischen Text »*Und es wird ein Reis hervorgehen aus dem Stamm Isais und ein Zweig aus seiner Wurzel Frucht bringen.*« Isai war der Vater des Königs David. Aus dessen Stamm kamen die Könige Israels.

In dulci jubilo (S. 206) Als Reigenlied wurde dieses Lied ursprünglich nicht nur zu Weihnachten gesungen. Der Wechsel von deutschem und lateinischem Text wird »Mischpoesie« genannt. Die 3. Strophe ist eine Zudichtung aus dem 19. Jahrhundert.

in dulci jubilo = in süßem Jubel; *in praesepio* = in der Krippe; *matris in gremio* = in der Mutter Schoß; *Alpha es et O* = du bist A (Anfang) und O (Ende); *o Jesu parvule* = o kleiner Jesus; *o puer optime* = o bester Knabe; *o princeps gloriae* = o Fürst der Herrlichkeit; *trahe me post te* = ziehe mich zu dir; *ubi sunt gaudia?* = wo sind die Freuden?; *nova cantica* = neue Lieder; *in regis curia* = im Palast des Königs

Als ich bei meinen Schafen wacht (S. 207) Ein besonderer Reiz dieses Liedes besteht darin, dass man es mit einem Echo-Effekt singen kann. Solche Echo-Lieder waren zu Beginn des 17. Jahrhunderts sehr beliebt. Echo-Wirkungen ließen sich vor allem in den großen halligen Kirchen eindrucksvoll gestalten. »Als ich bei meinen Schafen wacht« gehört zu den Hirtenliedern, die im 17. Jahrhundert vor allem in Italien, aber auch in den deutschsprachigen Ländern verbreitet waren.

O du fröhliche (S. 208) Im Jahre 1788 brachte Johann Gottfried Herder (1744–1803) das sizilianische Schifferlied »O sanctissima« nach Deutschland. Für die Zöglinge eines Kinderheimes in Weimar unterlegte Johannes Falk im Jahre 1819 der Liedmelodie einen weihnachtlichen Text. Die Strophen 2 und 3 hat

Heinrich Holzschuher, ein Mitstreiter Falks, hinzugefügt. Heute gehört »O du fröhliche« zu den beliebtesten Weihnachtsliedern.

Stille Nacht (S. 209) Am Nachmittag des Heiligen Abends 1818 in der Nikolaikirche zu Olberndorf bei Salzburg: So sehr der Hilfsprediger Joseph Mohr auch auf die Pedale der Orgel trat, es erklang nur ein kratzendes Pfeifen. Ein Weihnachtsgottesdienst ohne Musik? Es stand zwar noch eine Gitarre zur Verfügung, aber Gitarrenbegleitung passte nicht zu den bekannten Weihnachtsliedern. Also ließen sich Mohr und der Lehrer Franz Gruber auf die Schnelle einen Text und eine Melodie einfallen und trugen das neue Lied in der Mitternachtsmesse vor. Dann geriet das Lied in Vergessenheit. Erst im Jahre 1825 wurde es zufällig bei Reparaturarbeiten an der Orgel entdeckt und verbreitete sich im Laufe der Jahrzehnte über die ganze Welt. Heute wird »Stille Nacht« in mehr als 300 Sprachen gesungen.

Tochter Zion (S. 210) Die Melodie dieses Liedes entstammt dem Oratorium »Josua« von Georg Friedrich Händel (1685–1759). Händel hat sie später auch in sein Oratorium »Judas Maccabäus« (1746) übernommen (Siegeschor: »Seht, er kommt, mit Preis gekrönt!«). Mit dem im 19. Jahrhundert unterlegten Text (»*Tochter Zion …*«) wurde Händels Komposition zu einem populären Weihnachtslied. Die genaue Autorenschaft des Textes konnte bisher nicht geklärt werden. »Zion« ist die hebräische Bezeichnung für Jerusalem.

Joy to the world (S. 211) Die Melodie des Liedanfangs (Takt 1) ist identisch mit dem Anfang zweier Chöre aus dem Oratorium »Der Messias« von Georg Friedrich Händel (»Ehre sei Gott« bzw. »Hoch tut euch auf«). Deshalb wurde lange Zeit vermutet, dass Händel (1685–1759) auch der Komponist dieses Liedes sei. Dies ist bislang jedoch nicht bewiesen worden. Zum Textinhalt: *Der Herr ist gekommen, Himmel und Erde freuen sich. Gnade, Gerechtigkeit und Liebe herrschen auf Erden.*

Adeste fideles / Herbei, o ihr Gläubigen (S. 212) »Adeste fideles« ist ein alter lateinischer Weihnachtshymnus. Friedrich Heinrich Ranke unterlegte diesen Text um 1815 einer Liedmelodie aus Portugal und schuf auch eine deutsche Textfassung.

O Tannenbaum (S. 213) Ursprünglich hatte das Lied einen plattdeutschen Text (»*O Danneboom, o Danneboom, du drägst ne grönen Twig*«). Der heute gebräuchliche Text stammt aus der Gegend von Paderborn. Dieses Lied ist kein eigentliches Weihnachtslied. Es wird aber gerne in weihnachtlicher Zeit gesungen, weil es ein weihnachtliches Symbol – den Tannenbaum – besingt.

Tausend Sterne sind ein Dom (S. 214) Dieses Lied entstammt der gleichnamigen Weihnachtskantate (1954). Siegfried Köhler (1927–1984) war Komponist und Musikwissenschaftler.

Still senkt sich die Nacht hernieder (S. 214) Gerhard Wohlgemuth (geb. 1920) schrieb neben Instrumentalwerken auch Werke für Chöre und Sololieder. Die Liedsammlung »Still senkt sich die Nacht hernieder« (Untertitel: »Neue Weihnachtslieder«) erschien 1958.

Sind die Lichter angezündet (S. 215) Hans Sandig (1914–1989) schrieb vor allem Musik für Kinder (z. B. »Die Abenteuer der kleinen Trompete«, »Besuch im Zoo«). Er war Leiter des Rundfunk-Kinderchores Leipzig.

Leuchte, mein Licht (S. 216) Meinhard Ansohn (geb. 1954), Lehrer an einer Berliner Schule, hat dieses Lied im Jahre 1991 für seine Schüler geschrieben.

Fröhliche Weihnacht (S. 217) Rolf Zuckowski (geb. 1947) hat als Liedermacher viele neue Lieder für Kinder, aber auch für Erwachsene geschrieben. Darunter befinden sich so bekannte Lieder wie »Ich wollte nie erwachsen werden« aus dem Musical »Tabaluga«, das er 1983 mit dem Pop- und Rocksänger Peter Maffay entwarf, und »Lieder, die wie Brücken sind«.

Mary's boy child / Als aller Hoffnung Ende war (S. 218) Dieser Weihnachtssong wurde vor allem durch die Calypso-Version des Sängers Harry Belafonte (geb. 1927) und die Pop-Fassung der Gruppe »Boney M.« weithin bekannt.

Mary had a baby (S. 219) In Form eines Frage-Antwort-Dialogs wird in diesem Weihnachts-Spiritual von der Geburt Jesu berichtet: Die Strophen 2, 4 und 6 werden von der Gemeinde (Chor), die Strophen 3, 5 und 7 vom Vorsänger (Solisten) gesungen.
stable = Stall; *manger* = Krippe

Hark, the herald angels sing (S. 220) Felix Mendelssohn Bartholdy (1809–1847) hatte eine enge Beziehung zu England. Als Komponist und Dirigent war er zehnmal auf der »Insel« zu Gast. Die Melodie des Liedes »Hark, the herald« entstammt den 1840 entstandenen »Festgesängen« für Männerchor und Orchester. Durch die nachträgliche Unterlegung eines Textes von Charles Wesley (»Hymn of Christmas day«) entstand ein Lied, das in England zu den beliebtesten Weihnachtsliedern gehört.

Zum Textinhalt: *Erzählt überall, dass der Herr und Erlöser geboren wurde! Er hat mich errettet.*

The first Noel (S. 221) Dies ist ein altes englisches Weihnachtslied aus dem 17. Jahrhundert. Das Lied handelt von den Schafhirten und den drei Königen, denen der Engel die Geburt Jesu verkündet.

Last Christmas (S. 222) George Michael (geb. 1963) wurde seit Beginn der 1980er-Jahre zunächst als Mitglied des Duos »Wham!«, dann auch als Solist und Komponist bekannt. »Last Christmas« (1984) wurde einer der beliebtesten Weihnachts-Pophits der 1980er-Jahre.

Zum Textinhalt: *Ich habe dir zum letzten Weihnachten mein Herz geschenkt. Das war ein Fehler, denn du bist wie Eis. Dieses Jahr schenk ich mein Herz einem anderen.*

When a child is born (S. 223) Ursprünglich ist dieses Lied ein Popsong (»Soleado«), der im deutschsprachigen Raum unter dem Titel »Tränen lügen nicht« bekannt geworden ist. Mit der Textfassung von Fred Jay wurde der Song zu einem weit verbreiteten Weihnachtslied.

Zum Textinhalt: *Mit der Geburt eines Kindes kommt Hoffnung in die Welt. Die Welt sehnt sich nach Liebe.*

Jingle bells (S. 224) Dieses Lied schrieb der amerikanische Geistliche John Pierpont im Jahre 1857. Pierpont verfasste während des amerikanischen Bürgerkrieges auch patriotische Lieder für die Südstaatler. Im Lied geht es um eine nächtliche Fahrt mit dem Pferdeschlitten durch die winterliche Landschaft. Wenn auch kleine Pannen geschehen wie das Ausscheren des Pferdes, tut das dem Spaß keinen Abbruch.

We wish you a merry Christmas (S. 225) Mit diesem Lied ziehen in England die »Carol Singers« von Haus zu Haus (siehe auch Anmerkungen auf S. 199). Sie gehen erst dann weiter, wenn sie etwas von dem großen Weihnachts-Pudding abbekommen haben. Der Weihnachts-Pudding gehört in England zum unbedingten Weihnachtsbrauch (siehe auch Anmerkungen zu S. 226).

Rockin' around the Christmas tree (S. 226) In diesem modernen Weihnachtslied geht es um die Freuden einer Weihnachtsparty. Es wird ein alter englischer Brauch beschrieben, der heute noch in Amerika und England einen besonderen Höhepunkt der Weihnachtsfeierlichkeiten darstellt: das Küssen unter dem Mistelzweig. Die Mistel ist eine immergrüne Pflanze, die als Schmarotzer auf Bäumen wächst. Zu Weihnachten wird ein Mistelzweig über der Wohnungstür angebracht.

Let it snow (S. 227) Besonders in den 1930er- und 1940er-Jahren entstanden in den USA viele Weihnachts-Popsongs. »Let it snow« gehört zu den bekanntesten. Zum Textinhalt: *Der Schnee soll ruhig fallen. Ich müsste eigentlich längst nach Hause gehen, aber das Feuer im Kamin lodert noch und bei dir ist es warm und schön. Also soll der Schnee ruhig weiter fallen!*

Winter wonderland / Weißer Winterwald (S. 228) Dieser 1934 entstandene Weihnachtsschlager wurde vor allem durch die Schallplattenaufnahme mit der amerikanischen Gesangsgruppe »Andrew Sisters« (1946) weltweit bekannt.

Ding dong bells (S. 229) Der Klang der Glocken hat die Menschen von jeher fasziniert. Davon zeugt auch dieser alte englische Kanon. In den letzten vier Takten der Kanonmelodie werden durch lange Notenwerte und Quartsprünge Glockenklänge »nachgeahmt«.

White Christmas / Süß singt der Engel Chor (S. 230) Irving Berlin (1888–1989) war ein amerikanischer Schlager-, Film- und Musicalkomponist. Er komponierte unter anderem das Musical »Annie get your gun« (1946). Zahlreiche seiner Songs wurden zu Evergreens, u. a. auch »White Christmas«. Zu den bekanntesten Interpreten dieses Liedes gehörte der amerikanische Entertainer Bing Crosby. »White Christmas« war bis in die 1990er-Jahre der meistverkaufte Single-Hit des 20. Jahrhunderts.

Santa Claus is comin' to town (S. 231) In England wird der Weihnachtsmann »Santa Claus« (Der heilige Klaus) genannt. Wie bei unserem Nikolaus-Brauch fragt er die Kinder, ob sie das Jahr über brav waren. Vor ihm lässt sich nichts verheimlichen, denn er weiß alles!

Der kleine Trommlerjunge / Little drummer boy (S. 232) Dieses in den USA entstandene Lied lehnt sich an eine spanische Volksliedmelodie an. Es gehört heute zu den auf der ganzen Welt verbreiteten Weihnachtsliedern.

Das alte ist vergangen (S. 233) Neben den vielen Weihnachts- und Winterliedern finden sich im deutschen Volksliedschatz verhältnismäßig wenige Neujahrslieder. Möglicherweise liegt dies an der nur kurzen Zeitspanne des Jahreswechsels, so dass der Bedarf an entsprechenden Liedern allgemein nicht sehr groß war.

Kleine Lied- und Singekunde

Artikulation Aussprache der Vokale und Konsonanten beim Singen

a cappella Gesang ohne Instrumentalbegleitung

Bänkelgesang volkstümlicher Gesangsvortrag unter Einbeziehung von Bildtafeln, vor allem auf Straßen und Jahrmärkten dargeboten (Blütezeit vom 17. bis Anfang des 20. Jahrhunderts); meist von einer Drehorgel begleitet und von einer Bank herab gesungen (»Bänkelsänger«); oft Bezüge zu aktuellen Ereignissen; ↗ »Moritat«

Ballade Lied mit erzählendem Inhalt; in Jazz-, Rock- und Popmusik Bezeichnung für einen langsamen, oft schwermütigen Song; ↗ »Popsong«

Blues weltliches Lied der Afroamerikaner; herausgebildet nach der Aufhebung der Sklaverei (1865); ursprünglich von schwarzen (oft blinden) Wandersängern verbreitet; spiegelt persönliche Gedanken und Erlebnisse wie auch soziale Probleme wider; Bezeichnung abgeleitet von »to feel blue« = »traurig sein« oder »to be in the blues« = »schwermütig sein«; wichtige Grundlage des Jazz sowie der Soul- und Rockmusik; langsamer 4/4-Takt, oft 12-taktige Form (A–A'–B); typisches »Blues-Feeling« in Rhythmus, Tongebung und Intonation

Chanson (frz. = Lied), heute Bezeichnung für ein dem Schlager verwandtes begleitetes Vortragslied, das – meist auf unterhaltsame Art – alltägliche oder gesellschaftliche Themen zum Inhalt hat; ↗»Schlager«

Choral (von lat. cantus choralis = Chorgesang); entstand mit der christlichen Religion in den ersten Jahrhunderten unserer Zeitrechnung; von der Gemeinde gesungenes Kirchenlied, meist Strophenlied; ↗ »Kirchenlied«, »Volkslied«

durchkomponiertes Lied Lied, in dem jede Strophe dem Textinhalt entsprechend anders vertont wurde. ↗ »Kunstlied«, »Strophenlied«, »variiertes Strophenlied«

Evergreen (engl. = immergrün), Komposition der populären Musik (Jazz, Schlager, Pop, Rock), die über lange Zeit populär geblieben ist

Falsett helle männliche Stimmlage, die in der Höhe über den normalen Stimmumfang hinausreicht und durch eine besondere Singetechnik erreicht wird; nicht selten im Rock-/Popgesang angewendet

Fermate Zeichen für einen »Ruhepunkt« im musikalischen Ablauf; im Kanon Kennzeichen für den Schluss der einzelnen Stimmen; Zeichen: ∩

Folksong Lied aus der englisch-amerikanischen Liedfolklore; musikalische Wurzeln vor allem im englischen, irischen, schottischen und afroamerikanischen Liedgut; ↗»Volkslied«

Gassenhauer ursprünglich Bezeichnung für »Nachtschwärmer« und Gassensänger, dann auch für deren Lieder und Tänze; seit dem 19. Jh. Bezeichnung für populäres städtisches Modelied mit Marsch- oder Tanzcharakter; ↗ »Schlager«

gemischter Chor mit Frauen- und Männerstimmen besetzter Chor (Sopran/Alt/Tenor/Bass); ↗ »gleichstimmiger Chor«

gleichstimmiger Chor Chorbesetzung in gleichen Stimmen (Frauen-, Kinder- oder Männerchor) ↗ »gemischter Chor«

Gospel religiöses Gemeindelied der Afroamerikaner; entwickelte sich aus dem spontanen Gruppensingen im Gottesdienst; Ruf-Antwort-Prinzip (call-response); Einflüsse von Spiritual und Jazz; auch in Konzerten dargeboten; ↗ »Spiritual«

Hit (engl. = Treffer), in der populären Musik Bezeichnung für besonders erfolgreichen Titel (Musikstück bzw. Song) ; ↗ »Schlager«, »Evergreen«

Hymne geistlicher oder weltlicher feierlicher Gesang

Intonation beim Singen Bezeichnung für die Art der Tongebung (laut – leise, hart – weich, rein – unrein) und das nach Tonart und Tonhöhe richtige Anstimmen des Gesanges

Kanon polyphone Form der Mehrstimmigkeit, die auf der unveränderten Nachahmung (Imitation) der führenden Stimme durch eine oder mehrere Stimmen in einer festgelegten Abfolge beruht

Kirchenlied von der Gemeinde als Bestandteil des Gottesdienstes gesungenes Bekenntnislied; ↗ »Choral«

Kunstlied begleitetes Sololied, oftmals sehr kunstvolle Instrumentalbegleitung ↗ »Strophenlied«, »variiertes Strophenlied«, »durchkomponiertes Lied«, »Volkslied«

Liedermacher Liedtexter, -komponist und -interpret in einer Person (engl.: songwriter); erheben ihre Stimme oft zu gesellschaftlichen Fragen.

Liedform die einem Lied zugrunde liegende Struktur, welche sich aus verschiedenen Liedabschnitten zusammensetzt; Beispiele: A-B = zweiteilige Liedform (u. a. »Bunt sind schon die Wälder«), A-B-A oder AA-B-A = dreiteilige Liedform (u. a. »Der Winter ist vergangen«)

Liedgestaltung Ausdrucksgestaltung eines Liedvortrages, z. B. durch Tempo- und Lautstärkeunterschiede sowie Tongebung; ↗ »Artikulation«, »Intonation«

Moritat Begriff wahrscheinlich abgeleitet von »Mordtat« und »moritas« (lat., »erbauliche Geschichte«); Vortragslieder zu meist aktuellen, oft dramatischen Ereignissen unter Einbeziehung von Bildtafeln; seit dem 17. Jh. bis in die 1920er-Jahre vor allem auf Jahrmärkten dargeboten; ↗ »Bänkelgesang«

Oberstimme höchste Stimme eines mehrstimmigen Satzes; meist die Melodiestimme (lat.: cantus firmus); ↗ »Unterstimme«

Parodieverfahren Neutextierung einer Komposition für einen anderen Zweck

Politisches Lied Lied, das politische Themen zum Inhalt hat; oft agitatorischer, emotional betonter, bekenntnishafter Charakter; besondere Bedeutung in politisch bewegten Zeiten (z. B. Revolutionen, Befreiungskriege, Arbeiteraufstände, Friedensbewegungen); ↗ »Protestsong«

Popsong Lied aus der Popmusik (Sammelbezeichnung für populäre Formen der Tanz- und Unterhaltungsmusik) ↗ »Song«

Protestsong Form des politischen Liedes, entstand seit etwa 1960 in den USA auf Grundlage des Folksongs; ↗ »Folksong«, »Politisches Lied«

Quodlibet (lat. = was beliebt), Verknüpfung (gleichzeitiges Musizieren oder Singen) von verschiedenen, harmonisch zueinander passenden Musikstücken bzw. Liedern; meist scherzhafter Charakter

Refrain Kehrreim; textlich und musikalisch in allen Strophen gleich bleibender Liedteil

Satz Hinzufügen von Begleitstimmen zur Melodie (mehrstimmiger Satz); auch: selbstständiger, in sich geschlossener Abschnitt eines größeren Werkes

Scatgesang Singen von zusammenhanglos aneinandergereihten, rhythmisch variierten Silben; ursprünglich afroamerikanische Gesangspraxis, dem Instrumentalspiel nachempfunden; ↗ »Vokalise«

Schlager Unterhaltungs- und Tanzlied, meist nur kurzzeitig populär; ↗ »Evergreen«

Shanty ursprünglich Arbeitslied der Seeleute auf Segelschiffen, meist im Wechsel von Vorsänger (shantyman) und Gruppe gesungen; ↗ »Worksong«

Song (engl.= Lied, Gesang), seit Ende des 19. Jh. Bezeichnung für populäre Lieder der englisch/amerikanischen Varietés und Revuen; später Begriff für politisch-satirische Lieder, heute auch allgemein für Pop- oder Rocklied gebräuchlich; ↗ »Protestsong«, »Folksong«

Spiritual (negro spiritual); geistliches Volkslied der Afroamerikaner; Verbindung von afroamerikanischem Folklore und europäischer Kirchenliedtradition; ↗ »Gospel«

Stimmbildung Ausbildung einer klangschönen, tragfähigen Stimme durch spezielle Übungen ; »Artikulation«, ↗ »Intonation«

Stimmwechsel (Mutation); während der Pubertät durch schnelles Wachstum des Kehlkopfes einschließlich der Stimmbänder bedingte Veränderung der Stimme; Knabenstimme wandelt sich in Tenor-, Bariton- oder Bassstimme; bei Mädchen weniger gravierend; während des Stimmwechsels schonender Umgang mit der Stimme erforderlich, um dauerhafte Stimmschäden zu vermeiden

Strophenlied Liedtyp, dessen Melodie in allen Strophen gleich bleibt; ↗ »Volkslied«, »Kunstlied«, »variiertes Strophenlied«, »durchkomponiertes Lied«

Tanzlied Lied zum Singen und Tanzen

Transkription lautgerechte Übertragung eines (Lied-)Textes in eine andere Schrift, z. B. aus der kyrillischen (u. a. russisch) in die lateinische Schrift (u. a. deutsch)

transponieren ein Lied (Musikstück) in eine andere Tonart übertragen

Unterstimme tiefste Stimme eines mehrstimmigen Satzes ; ↗ »Oberstimme«

variiertes Strophenlied Lied, in dem in einer oder mehreren Strophen die Melodiestimme variiert ist; ↗»Kunstlied«, »durchkomponiertes Lied«, »Strophenlied«

Vokalise textloser Gesang auf Silben oder Vokale ; ↗ »Scat-Gesang«

Volkslied überliefertes Lied, das dem Denken und Empfinden sowie der Ausdrucksweise breiter Volksschichten entspricht; Begriff wurde von Johann Gottfried Herder (1744–1803) geprägt; wird im Laufe der Zeit oft verändert (»zersungen«); meist Strophenlied; Dichter und Komponisten vielfach unbekannt; ↗ »Folksong«, »Kunstlied«, »Strophenlied«

Worksong ursprünglich Arbeitslied der Sklaven; oft Wechselgesang zwischen Vorsänger und Gruppe (call-response); Worksongs halfen den Arbeitsrhythmus der Mitglieder einer Gruppe zu koordinieren; ↗ »Shanty«

Akkordsymbole

C

Durdreiklang

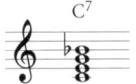

C⁷

Durdreiklang
mit kleiner Septime

c

Molldreiklang

c⁷

Molldreiklang
mit kleiner Septime

C⁴, c⁴

Akkord mit
Quartvorhalt

C⁺

Durdreiklang mit
übermäßiger Quinte
(übermäßiger Dreiklang)

C⁶

Durdreiklang
mit großer Sexte

C⁷⁺

Durdreiklang
mit großer Septime

C⁷₅₊

Durdreiklang mit
übermäßiger Quinte
und kleiner Septime

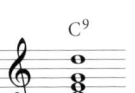

C⁹

Durdreiklang
mit großer None

C⁹⁻₇

Durdreiklang mit
kleiner Septime
und kleiner None

c⁶

Molldreiklang
mit großer Sexte

c⁹

Molldreiklang
mit großer None

C⁰

verminderter Septakkord

C/B

Dreiklang C
über dem Basston B
(Zur Erleichterung
kann der Basston unbe-
rücksichtigt bleiben.)

Gitarrengriffe (I)

- - - - Saite wird nicht angeschlagen   ▶ Saite, auf der der Basston liegt

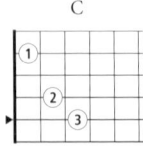

C

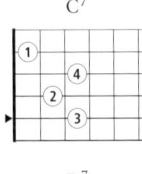

C⁷

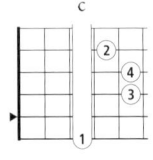

c

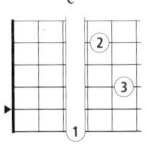

c⁷

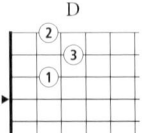

D

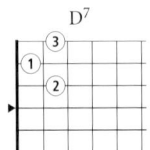

D⁷

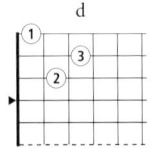

d

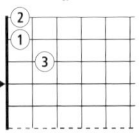

d⁷

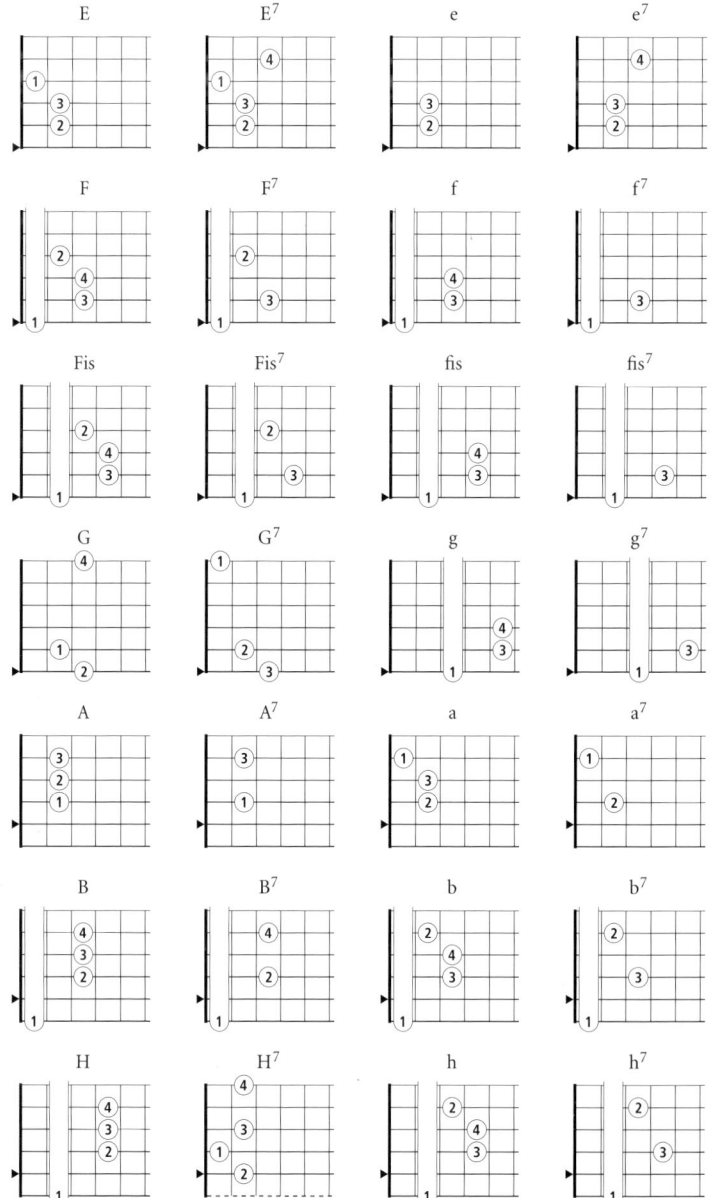

Gitarrengriffe (II)

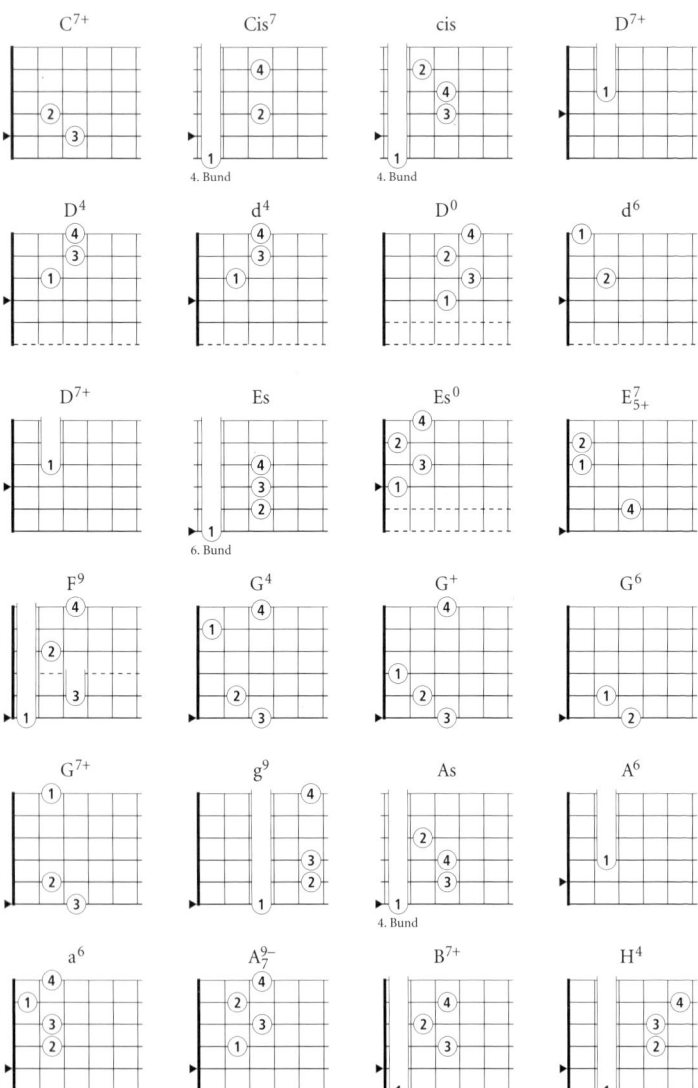

Quellen

Redaktion:Wilfried Behrendt, Bernhard Streerath
Collagen aus handgeschöpften Papieren: Ellena Olsen
Typographie und Herstellung: Jürgen Brinckmann
Einbandtypographie: Ingo Wulff
Notensatz: Andrea Näther

www.cornelsen.de

1. Auflage, 25. Druck 2023

Alle Drucke dieser Auflage sind inhaltlich unverändert und können im Unterri
nebeneinander verwendet werden.

© 1999 Volk und Wissen Verlag, Berlin
© 2017 Cornelsen Verlag GmbH, Berlin

Druck: Grafisches Centrum Cuno GmbH & Co.KG, Calbe

ISBN 978-3-06-150525-7

PEFC zertifiziert
Dieses Produkt stammt aus nachhaltig
bewirtschafteten Wäldern und kontrollierten
Quellen.

www.pefc.de

PEFC/04·31·1370